ZEITGEIST

EIN DEUTSCHES DRAMA IN VIER AKTEN

1871 - 1945

ANDREAS ISDEPSKI

Zeitgeist
Ein deutsches Drama in vier Akten
1871 - 1945

Für meinen Vater, Johann Anton Isdepski, der ohne Vater aufwachsen musste.

Andreas Isdepski

Hamburg, 22.02.2022

Bibliografische Information der Deutschen Nationalbibliothek:
Die Deutsche Nationalbibliothek verzeichnet diese Publikation in
der Deutschen Nationalbibliografie; detaillierte bibliografische
Daten sind im Internet über http://dnb.dnb.de abrufbar.

Herstellung und Verlag: BoD – Books on Demand, Norderstedt
ISBN: 978-3-7568-8980-8, 4. Edition

Vorwort

Aus meinem Wunsch heraus, zu verstehen, wie es zu zwei kurz aufeinanderfolgenden Weltkriegen mit insgesamt ca. 100 Millionen Toten kommen konnte, begann ich zu lesen. Es gibt sehr viele Bücher zu dieser Zeit und ich habe viele davon gelesen. Dies ist ein Weiteres.

Der folgende Text hat keinen Anspruch auf Wahrheit, Korrektheit und/oder Vollständigkeit und dient mir persönlich lediglich als Zusammenfassung der gesammelten Informationen. Jedes Ereignis hat eine Ursache, die im jeweils aktuellen Zeitgeist begründet ist. Aus heutiger Sicht wirken oftmals historische Entscheidungen falsch und dumm - erst im Kontext der damals vorherrschenden Glaubenssätze, Ängste und Nöte sind sie (bedingt) nachvollziehbar.

Laut Nietzsche sollten wir Geschichte als Inspiration für unser heutiges Tun nutzen. Sie ist ein unermesslicher Erfahrungsschatz der Menschheit, aus dem wir schöpfen können. Und sie kann Sinn stiften, damit wir uns nicht bequem vom Handeln und schöpferischem Sein abwenden, da sie uns aufzeigt, was alles innerhalb einer Lebensspanne möglich ist. Aber Geschichte sollte auch immer eine Lehre sein. Je mehr Menschen sich für Geschichte interessieren, desto weniger werden wir die Fehler der Vergangenheit wiederholen.

Viel Freude beim Lesen.

Weitere Links & Informationen auf www.makinghistory.de
Anmerkung, Lob und Kritik gern an salve@makinghistory.de

Gliederung

1. Akt - Das unreife Kaiserreich 1871 - 1914

1878 sagte Otto von Bismarck, der Balkan sei ihm nicht die gesunden Knochen einen einzigen pommerschen Grenadiers wert. Dennoch waren 1918 am Ende des 1. Weltkriegs - ausgelöst durch ein Attentat auf dem Balkan - weltweit 9.442.000 Soldaten, davon ca. 2.037.000 "pommersche" bzw. deutsche Soldaten, gestorben. Weitere 5.950.000 Zivilisten verloren ihr Leben und die kollabierten Volkswirtschaften sorgten für Hunger und Armut. Die Spanische Grippe mit ca. 50 Millionen Toten weltweit wurde erst von US-Soldaten nach Europa gebracht und war somit in ihrer globalen Ausbreitung eine Folge des Krieges. Die Bedingungen des Friedensvertrags von Versailles waren eine schwere Hypothek für die junge Weimarer Republik. Destabilität und Wirtschaftskrisen ermöglichten einer Clique von ultra-nationalen Rassisten unter der Führung eines österreichischen Gefreiten die Machtübernahme. Das nationalsozialistische Dritte Reich steuerte direkt auf einen neuen, diesmal ideologischen Vernichtungskrieg zu - mit weiteren 60 Millionen Opfern. Wie konnte das alles passieren?

Die Vorgeschichte

Das Heilige römische Reich deutscher Nation kannte keine

Deutschen. Es bestand aus Bayern, Brandenburgern, Sachsen usw., vielen kleinen Fürstentümern und einigen freien Städten. Es gab zwar einen Kaiser, aber keine deutsche Nation. In diesem lockeren Staatenbund verfolgte jeder Landesfürst seine eigenen Interessen. Allein die Sprache schuf ein Gefühl der Gemeinschaft (trotz einiger harter Dialekte).

Napoleon beendete dieses "tausendjährige" Reich, indem er 1806 den damaligen Kaiser zum Abdanken zwang. Dieser zog sich nach Wien zurück und war seitdem nur noch der Kaiser von Österreich. Napoleon ordnete als Kaiser der Franzosen die deutschen Fürstentümer nach seinen Vorstellungen und schuf den Rheinbund als Nachfolgestaat unter französischer Hegemonie.

Der deutsche Nationalgeist entstand in den folgenden Befreiungskriegen gegen Napoleon. Somit hatte er von Anbeginn eine anti-französische Färbung. Als dann im Deutsch-Französischen Krieg von 1870/71 eine deutsche Koalition unter preußischer Führung Napoleon III. besiegte, wollte man sich die Kaiserwürde zurückholen und unter einem Kaiser Deutschland vereinen.

Die Idee einer vereinten Deutschen Nation war bereits in der Revolution von 1848 zum Greifen nahe gewesen. Damals begehrten die Bürger erfolgreich gegen die Vormacht des Adels auf. Vom Wunsch eines vereinten Deutschlands getrieben, bot das Parlament in der Paulskirche zu Frankfurt dem preußischen König die Kaiserkrone an. Ein vereintes Deutschland mit einer parlamentarischen Monarchie sollte entstehen. Doch der preußische König lehnt es ab, die Kaiserkrone aus den Händen von Revolutionären zu empfangen. Er ließ als König von Gottes Gnaden die März-Revolution vom preußischen Militär niederschießen. Die Idee einer vereinten Nation blieb jedoch lebendig.

Zwischenfazit bis 1848

- Von 962 bis 1806 existierte das "Heilige Römische Reich deutscher Nation" als feudaler Staatenbund.
- Ein Deutsches Nationalgefühl entstand erst in den Befreiungskriegen gegen Napoleon.
- Es gab die Möglichkeit einer Reichsgründung aus dem Volk heraus, die aber von der damaligen adligen Oberschicht abgelehnt worden war. Die Deutsche Revolution von 1848/49 gilt deshalb als gescheitert.

1871 - Die Reichsgründung

Als Bismarck preußischer Ministerpräsidenten wurde, hatte er die Idee, den deutschen Nationalismus zu kanalisieren und Deutschland zu einer nationalen Einheit unter preußischer Herrschaft zu verhelfen. In den drei Einigungskriegen, für die Bismarck die Gleise gestellt hatte, wurden die letzten Hürden aus dem Weg geräumt:

- 1864 Deutsch-Dänischer Krieg. Die zu Dänemark gehörenden deutschsprachigen Herzogtümer Holstein und Schleswig werden erobert und zwischen Preußen und Österreich aufgeteilt.
- 1866 Preußisch-Österreichischer Krieg. Entscheidung zugunsten der kleindeutschen Lösung unter preußischer Führung anstatt einer großdeutschen Variante unter Österreich.
- 1871 Deutsch-Französischer Krieg. Die Kriegserklärung Frankreichs vereinigt die Deutschen Fürsten unter preußischer Führung.

Die Proklamation des 2. Deutschen Reiches im Spiegelsaal von Versailles - einem Heiligtum der französischen Nation - war ein bewusster Affront gegen den "Erbfeind" Frankreich. Die Annexion des teilweise deutschsprachigen Elsass-Lothringen war im Kontext des damaligen Zeitgeistes verständlich. Immerhin hatte Frankreich den Deutschen den Krieg erklärt, auch wenn Bismarck mit der provokanten Emser Depesche nachgeholfen hatte. Man wollte Frankreich nachhaltig schwächen, schuf aber damit den Geist der Revanche. Bismarck war gegen die Annexion, konnte sich aber nicht gegen das Militär durchsetzen, das eine westliche Pufferzone mit zwei Festungsstädten (Metz & Strasbourg) haben wollte.

Interessant ist hierbei ein Vergleich zu dem Frieden von 1866, der nur fünf Jahre vorher zwischen Preußen und Österreich ohne Reparationszahlungen und territoriale Gewinne geschlossen wurde. Einerseits wollte man direkt nach dem Konflikt wieder freundschaftliche Bande nach Wien knüpfen. Andererseits forderte der französische Kaiser Napoleon III. nach der Schlacht bei Königgrätz für sein Stillhalten eine territoriale Entschädigung (Köln, Trier u.a.), weshalb Bismarck zu einem schnellen Friedensschluss mit Österreich-Ungarn drängte.

Elsass-Lothringen wurde umständlich als "Reichsland" eingegliedert, jedoch wurde man im frisch gegründeten Deutschen Reich mit den Einwohnern dieser neuen Provinz nicht wirklich warm. Beleg hierfür ist die Zabern-Affäre, in der Elsässer und Lothringer vom preußischen Militär schikaniert wurden. Die Annexion kannte also nur Verlierer und war zugleich eine schwere Hypothek für die deutsch-französische Beziehung.

Der vereinte Staat

Die Regierungsform der konstitutionellen Monarchie war auf den Machterhalt des preußischen Königs und Kaisers zugeschnitten. In allen militärischen Angelegenheiten entschied der Monarch allein, lediglich beraten durch sein Militärkabinett, das sich zu einer Art Nebenregierung entwickelte. Der Kaiser allein bestimmte als oberster Kriegsherr über Heer und Marine, entschied über Krieg und Frieden, setze Reichsbeamte ein, ernannte den Reichskanzler etc. Eine ziemliche Machtfülle, die dem Monarchen eine gewisse Reife abverlangte.

> *"Somit war die Monarchie zwar an die Verfassung gebunden; insoweit war sie konstitutionell. Aber sie besaß in der kaiserlichen Kommandogewalt einen harten extrakonstitutionellen Kern."*
> *Volker Ullrich in: Die nervöse Großmacht*

Die Konsequenzen der Reichsgründung für Europa brachte der englische Premierminister Benjamin Disraeli in seiner Rede vom 9. Februar 1871 vor dem englischen Unterhaus auf den Punkt: *"Das Gleichgewicht der Kräfte sei vollständig zerstört worden."*

Das hier gemeinte Gleichgewicht war das Ergebnis des Wiener Kongresses von 1815, in dem die Machtverhältnisse Europas nach den napoleonischen Kriegen neu geregelt wurden. Relevant für London war hierbei das Gleichgewicht der Kräfte bzw. die britische Doktrin der "Balance of Power" - das Vermeiden der Entstehung einer starken Kontinentalmacht, die der englischen Machtposition gefährlich werden könnte.

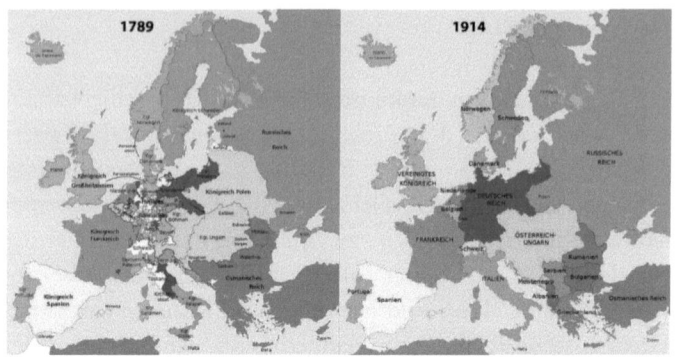

Abb. 1: Europa 1789 und 1914. Im Zentrum entsteht ein neuer Machtblock
Zoom-Ansicht auf www.makinghistory.de/map1

Zwischenfazit bis 1871

- Die Deutsche Reichsgründung entsprach zwar dem nationalen Zeitgeist, wurde von Bismarck aber quasi im Alleingang mit "Blut und Eisen" verwirklicht. Der militärische Beitrag zur Reichsgründung verhalf dem Militär zu einer herausragenden Rolle im Deutschen Reich.
- Die Annexion von Elsass-Lothringen war ein Fehler. Frankreich bot damals Kolonien in Asien als Kompensation an - daran hätte das Deutsche Reich wahrscheinlich mehr Freude gehabt.
- Die geostrategische Lage Deutschlands ist ungünstig für eine Großmacht. Als lockerer Staatenbund konnte man Bewegungen an der Peripherie des Reiches ausbalancieren. Das vereinte Deutsche Reich war laut Sebastian Haffner *" wie ein Betonklotz aus dem Kanonenrohre ragen."*

Bismarcks Friedenspolitik

Als Reichsgründer von 1871 wusste Bismarck sehr genau, dass mit dem Deutschen Reich ein neuer Tänzer auf dem europäischen Parkett auftrat, der das alte Machtgefüge aus dem Tritt brachte. Entsprechend dezent wollte er auftreten. Nach der umstrittenen Annexion Elsass-Lothringens unterstrich Bismarck, dass das Deutsche Reich saturiert sei und keine weiteren territorialen Forderungen habe. Er suchte einen Ausgleich mit den anderen europäischen Mächten und eine diplomatische Isolation Frankreichs, um den französischen Revanchismus einzugrenzen. Noch lieber hätte sich Bismarck eine Versöhnung mit Frankreich gewünscht. Zu einem französischen Diplomaten soll er laut Fabre-Luce gesagt haben: *"Ich strebe es an, dass sie uns Sedan genauso verzeihen wie Waterloo."*

Frankreichs Nationalstolz war jedoch nachhaltig verletzt und man wollte sich nicht aussöhnen, solange Elsass-Lothringen zum Deutschen Reich gehörte. Aufgrund der geographischen Lage Deutschlands zwischen dem revanchistischen Frankreich im Westen und dem gewaltigen Zarenreich im Osten war es Bismarck besonders wichtig, eine Einkreisung durch diese beiden Mächte zu vermeiden. Daher waren gute Beziehungen zu Russland entscheidend. Das Zarenreich wetteiferte jedoch mit Österreich-Ungarn auf dem Balkan um die Vormacht, was zu Spannungen führte.

Im Berliner Kongress von 1878 wollte Bismarck als fairer Vermittler auftreten, um die Friedensabsichten des Deutschen Reiches zu unterstreichen. Russland hatte das Osmanische Reich im Krieg von 1877/1878 besiegt und die europäischen Mächte bangten nun um ihre Interessen im Östlichen Mittelmeer (England) und auf dem Balkan

(Österreich-Ungarn). Zwischen Russland und Preußen bestanden seit den Zeiten Friedrich des Großen freundschaftliche Beziehungen. Deshalb hatte auch das Zarenreich während der Einigungskriege Preußen den Rücken frei gehalten und erwartete dafür nun ein Entgegenkommen. Bismarck hingegen wollte die Neutralität des Deutschen Reiches hervorheben und lediglich vermitteln.

Als die Konferenz am 13. Juli 1878 zu Ende ging, hatte Russland seine Ziele trotz des gewonnenen Krieges nicht erreicht. England konnte Russland aus dem östlichen Mittelmeer heraushalten, da der Bosporus in türkischer Hand blieb und Österreich-Ungarn konnte die osmanische Provinz Bosnien-Herzegowina (mit der Hauptstadt Sarajevo) besetzen. Das ehemals gute Verhältnis zwischen Russland und Preußen war gestört. Moskau war enttäuscht von Berlin, insbesondere als Bismarck nur ein Jahr später 1879 ein Bündnis mit dem russischen Rivalen Österreich-Ungarn schloss. Dies trieb Russland unweigerlich in Richtung Frankreichs. Wie ein Pol, der einen Gegenpol braucht, musste Russland diesem "teutonischen" Bündnis etwas entgegensetzen.

Trotz des Bündnisses mit Österreich-Ungarn vollführte Bismarck nun einen diplomatischen Salto und schloss 1887 mit Russland einen Rückversicherungsvertrag, der bei einem Kriegsfall wohlwollende Neutralität des jeweils anderen versprach und somit einen Zweifrontenkrieg des Deutschen Reiches ausschloss. Dies widersprach zwar dem Sinn des Bündnisses mit Österreich-Ungarn, verringerte aber die Gefahr einer Einkreisung. Russland war damals abhängig von ausländischen Krediten, um den Prozess einer Entwicklung vom Agrarstaat zu einer Industrienation zu beschleunigen. Diese Kredite bezog es zu einem großen Teil aus dem Deutschen Kaiserreich.

Mit einer selbst initiierten Kreditkrise wollte Bismarck Russland verdeutlichen, dass es auf die Kredite aus dem Deutsche Reich angewiesen ist. Dieses „Zuckerbrot und Peitsche Spiel" ging jedoch nach hinten los, da sich Russland einfach die notwendigen Kredite in Paris holte, das bereitwillig die Kasse öffnete. Die befürchtete Einkreisung durch ein russisch-französisches Bündnis begann sich abzuzeichnen.

Frankreich investierte nicht nur in Russland, sondern auch in die eigene Aufrüstung, weshalb der preußische Generalquartiermeister von Waldersee die Idee eines Präventivkriegs gegen Frankreich ins Gespräch brachte. Bismarck konterte trocken, Ziel seiner Politik sei die Vermeidung eines Krieges, *"in dem Deutschland nichts gewinnen, aber alles verlieren könne."* Bismarck gelang es, ein Gegengewicht zu der dominanten Stellung des Militärs zu bilden. Hier zeichnete sich aber bereits ein innenpolitischer Interessenkonflikt ab. Mit dem neuen Selbstbewusstsein eines vereinten Deutschen Reiches wurden ab 1882 die Rufe nach deutschen Kolonien lauter. Als Bismarck von dem Afrikaforscher Eugen Wolf eine Karte mit skizzierten deutschen Kolonien vorgelegt wurde, konterte er, dass seine Karte von Afrika in Europa liege: *"Ihre Karte von Afrika ist ja sehr schön, aber meine Karte von Afrika liegt hier in Europa. Hier liegt Russland, und hier liegt Frankreich, und wir sind in der Mitte; das ist meine Karte von Afrika."* [1] Ein Ausgleich mit den anderen Großmächten war ihm wichtiger als einige Landstreifen in Afrika. Dieses Zitat unterstreicht die außenpolitische Weitsicht Otto von Bismarcks. Innenpolitisch wurde jedoch das von ihm geeinte Deutsche Reich gespalten. Bismarcks stetiger

---

[1] Eckert, Andreas. Jenseits von Europa. zeit.de. https://www.zeit.de/zeit-geschichte/2014/04/kolonialismus-deutsche-kolonien-bismarck (22.02.22)

innenpolitischer Kampf gegen vermeintliche Reichsfeinde (Sozialdemokraten, Minderheiten, Kulturkampf mit den Katholiken) sorgte für Unruhe, bescherte aber auch dem Kaiserreich eine demokratische Tendenz sowie Sozialgesetze (Krankenversicherung, Unfallversicherung usw.), die bis heute Geltung haben.

Zwischenfazit bis 1888

- Bismarcks Außenpolitik sollte einerseits das unversöhnliche Frankreich isolieren und andererseits die Interessen der anderen Mächte ausbalancieren.
- Sein Ziel war die Vermeidung eines neuen Krieges, in dem Deutschland nichts gewinnen, aber alles verlieren konnte.
- Das von Bismarck entwickelte Bündnissystem war jedoch so kompliziert, dass es auch einen Bismarck benötigte, um zu funktionieren.

1888 - Der alter Kanzler und der junge Kaiser

Dem greisen Kaiser Wilhelm folgte 1888 sein Sohn Friedrich III., der nach nur 99 Tagen auf dem Thron verstarb. Dessen Sohn, Wilhelm II. wurde mit 29 Jahren deutscher Kaiser. Wilhelm II., dessen linker Arm seit seiner Geburt gelähmt war, hatte keine einfache Kindheit. Seine Mutter empfand diesen Makel als ihre Schuld und ließ ihren Sohn diverse Behandlungen zur Heilung des Arms erleiden. Das Ergebnis war ein hyperaktiver Thronfolger, der sein Handicap durch großspuriges Auftreten überdecken wollte. Keine ideale Eigenschaft für einen Kaiser. Nach nur zwei Jahren entließ Wilhelm II. Bismarck als Reichskanzler.

Abb. 2: 1890 - Entlassung Bismarcks "Der Lotse geht von Bord"

Wilhelm II. führte ein "Persönliches Regime" ein und trat gern als absoluter Herrscher auf, obwohl er Regent einer konstitutionellen Monarchie war. Die Rolle des Kanzlers wurde zunehmend unbedeutend, da Wilhelm Zwo - anders als sein Großvater - gern alles selbst entscheiden wollte. Sein Hofstaat bestand zum großen Teil aus Opportunisten und Schmeichlern, die mit rosigen und protzigen Worten Einfluss auf den Kaiser nahmen.

Besonders gern bewegte er sich im militärischen Milieu, in dem kernige und großspurige Sprüche gut ankamen. So nahm er zum Beispiel die Idee eines Präventivkriegs gegen Frankreich gern auf. Er halte »*einen europäischen Krieg für kaum vermeintlich*«, notierte er Anfang Mai 1886 in sein

Tagebuch; die Chancen, diesen Krieg zu gewinnen, seien umso besser, *»je früher er kommt«*.

Seine Begeisterung für alles Moderne stand in krassem Gegensatz zu seinem absolutistischen Gehabe. Von klein auf begeisterte er sich für Marineschiffe und war somit sehr empfänglich für die Ideen des Admirals von Tirpitz, der die deutsche Flotte massiv ausbauen wollte.

Hinter der Begeisterung des jungen Kaisers bezüglich eines Präventivkriegs sowie der Flottenaufrüstung lag aber weniger eine langfristige Strategie, sondern vielmehr die begeisterungsfähige, impulsive und manchmal auch etwas infantile Persönlichkeit Wilhelm II.

1890 - Der neue Kurs

Bereits Mitte der achtziger Jahre regte sich im Auswärtigen Amt Widerstand gegen Bismarcks Außenpolitik. Friedrich von Holstein, der später als graue Eminenz die Richtung der deutschen Außenpolitik vorgeben sollte, vertrat eine anti-russische Ausrichtung und wollte stattdessen eine eindeutige Bindung an Österreich-Ungarn. In der Konsequenz daraus wurde der Rückversicherungsvertrag mit Russland 1890 nicht verlängert, obwohl Moskau Interesse signalisierte und der junge Kaiser zunächst für eine Verlängerung war.

Der neue Kanzler Leo von Caprivi wollte die komplizierte Bündnispolitik Bismarcks entwirren und überzeugte den Kaiser davon, dass es sinnvoller sei, das Deutsche Reich nicht unnötig an Russland zu binden. Zugleich bekenne man sich somit eindeutig zu dem Bündnispartner Österreich-Ungarn. Russland, bereits irritiert von der Kreditkrise, wurde nun endgültig in die Arme von Frankreich getrieben. Eine Abkehr von der komplexen Außenpolitik Bismarcks entsprach dem damaligen Zeitgeist, jedoch schien damals in Berlin niemand die Gefahr einer russisch-französischen Annäherung wahrgenommen zu haben.

Am 5. August 1892 schlossen Frankreich und Russland eine zunächst geheime Militärkonvention, die 1894 zu dem Zweibund erweitert wurde. Nur vier Jahre nach Bismarck wurde das Schreckgespenst der Einkreisung lebendig. Im neuen außenpolitischen Kurs sollten nun andere Mächte über Handelsverträge an Deutschland gebunden werden. Es wurden eine Reihe von Handelsabkommen geschlossen, mit denen Deutschland neue Absatzmärkte erschloss und sich schrittweise zu einer industriellen Exportnation entwickelte. Diese Handelsverträge ersetzen jedoch nicht die Sicherheit der russischen Rückversicherung. Außerdem verunsicherte die wachsende Wirtschaftsmacht Deutschlands den bisherigen Exportweltmeister England.

Aber eben mit England wollte Friedrich von Holstein ein Bündnis eingehen. Es kam 1890 zur Abgrenzung der kolonialen Interessen und dem Sansibar- Helgoland Vertrag. 1891 besuchte Wilhelm II. sogar England und wird dort freudig begrüßt. Die englische Presse ist voll des Lobes auf den Kaiser und das Deutsche Reich. Ein Bündnis wäre naheliegend, zumal Englands und Russlands Interessen in Zentralasien kollidierten. Dies mag auch ein Grund für eine Abkehr von Russland und dem Rückversicherungsvertrag gewesen sein. Jedoch hatte England kein Interesse an einer einseitigen Bindung an das Kaiserreich. Zumal der massive Flottenaufbau sowie die rasant steigende Wirtschaftsmacht Deutschlands die Engländer irritierte. Um 1900 überholte das Deutsche Reich sogar England als Exportnation und nahm hinter den USA den zweiten Platz der größten Volkswirtschaften ein.

Im Gegensatz zu Bismarcks Realpolitik, die sich eng an den realen Bedingungen und Möglichkeiten orientierte, ging von Holstein eine außenpolitische Wette ein. Und zwar setzte er auf einen Konflikt zwischen dem britischen Empire und dem Russischen Zarenreich, der früher oder später in Fernost, an den sich überlappenden Interessensphären ausbrechen müsste.

Dann würde sich für das Deutsche Reich die Politik der "freien Hand" auszahlen. Man könne - je nachdem welche Partei die Oberhand gewinnt - auf den fahrenden Zug aufspringen und die eigene Machtposition ausbauen. Ein fernöstlicher Konflikt sollte später tatsächlich ausbrechen, jedoch zwischen Japan und Russland. England klärte seine Differenzen mit Russland auf diplomatischem Wege und die Wette ging nicht auf. Das Deutsche Reich hatte sich stattdessen weiter isoliert.

Zwischenfazit bis 1890

- Durch die Nicht-Verlängerung des Rückversicherung wurde Russland nun endgültig in die Arme Frankreichs getrieben, das bereits zum größten Kreditgeber Russlands aufgestiegen war.
- Der wirtschaftliche Erfolg und ein starker Anstieg der deutschen Bevölkerung von 1890 an sorgen für eine gewisse Skepsis bei den anderen Großmächten.
- Eine engere Englisch-Deutsche Zusammenarbeit wurde wegen der Flotten- und Kolonialpolitik des Kaiserreiches erschwert.

Kaiserdämmerung

L'ENFANT TERRIBLE!

Chorus in the Stern. "DON'T GO ON LIKE THAT—OR YOU'LL UPSET US ALL!!"

Abb. 3: Wilhelm II. als das ungestüme Kind,
welches das Boot zum Kentern bringt.

Nach dem Abgang von Caprivi als Reichskanzler im Jahr 1894 begann ein Zickzack-Kurs in der deutschen Diplomatie und entsprach somit dem sprunghaften Gemüt des Kaisers. Zwar wurde weiterhin ein Bündnis mit England angestrebt, das aufgrund der englisch-russischen Differenzen in Asien - auch bekannt als The Great Game - gar nicht so abwegig war. Aber England zog es vor, sich keiner festen Bindung hinzugeben. Dieses Prinzip der *„splendid isolation"* (wunderbare Isolation) wurde durch die einzigartige geographische Lage der britischen Insel begünstigt. So konnte das britische Empire von außen die Mächte auf dem Kontinent beobachten und gelegentlich eingreifen, wenn die Balance der Macht zu sehr auf die eine oder andere Seite tendierte.

Ziel dieser smarten Politik war die Vermeidung der Entstehung einer großen Kontinentalmacht, welche dem britischen Kolonialreich gefährlich werden könnte. Ebenfalls wenig hilfreich für eine Annäherung an England waren diplomatische Fettnäpfchen, die sich der Kaiser bzw. das Deutsche Reich leisteten:

- Mit der „*Krüger Depesche*" von 1896 gratuliert Wilhelm II. den Burenstaat für die Abwehr einer britischen Intervention und brüskiert damit England.
- Zur Eröffnung des Freihafens in Stettin 1898 sagt der Kaiser: "*Unsere Zukunft liegt auf dem Wasser*". Im selben Jahr verabschiedet der deutsche Reichstag das erste deutsche Flottengesetz.
- 1900 die martialische Hunnenrede des Kaisers bei der Verabschiedung des deutschen China- Expeditionskorps, welche den Deutschen den Spitznamen "*Huns*" beibrachte.

Wilhelm Zwo führte sich wie ein Halbstarker unter Erwachsenen auf. Eigentlich belustigend, jedoch stand hinter ihm die größte Feldarmee Zentraleuropas und die nach den USA stärkste Wirtschaft. Einen krasseren Gegenkurs zu Bismarcks Ausgleichs-Diplomatie hätte man nicht fahren können. Ludwig Quidde veröffentlichte 1894 sein Werk *Caligula*. Die Studie über den römischen Cäsarenwahnsinn war nichts anderes als eine spitzfindige und satirische Personenbeschreibung Wilhelms II.

Laut des Individualpsychologen Alfred Adlers litt Wilhelm II. aufgrund seines verkrüppelten Arms an einem Minderwertigkeitskomplex. Diese Minderwertigkeit wollte er demnach durch ein besonders harsches Auftreten kompensieren oder gar mit einem Deutschen Kaiserreich als Weltmacht überkompensieren, was sein politisches Verhalten vor dem Ausbruch des 1. Weltkriegs erklärt.

Exkurs: Frankreichs Kreditpolitik

Während im Deutschen Reich Wilhelm II. seinem prahlerischen Absolutismus frönte, hatte der französische Ministerpräsident Raymond Poincaré die offene Revanche nicht vergessen. Frankreich sprang bereitwillig als Kreditgeber ein, als sich Russland nach neuen Finanzquellen für seine schnell wachsende Wirtschaft umsah. Das rasante wirtschaftliche Wachstum des rohstoffreichen Zarenreiches versprach hohe Renditen. Poincaré lenkte aber persönlich bei seinem Besuch in Petersburg am August 1912 die französischen Investitionen in den Ausbau der Bahngleise. Die 2.5 Millionen starke russische Armee sollte Dank der neuen Zugverbindungen schleunigst bei Bedarf an die deutsche und österreichische Grenze verlegt werden können.

Serbien wurde ebenfalls mit französischen Krediten aufgerüstet und verfügte für seine Größe über eine schlagfertige Armee, was es in den beiden Balkankriegen (1912 & 1913) bewies. Allein 1914 wird Serbien eine neue französische Anleihe gewährt, die doppelt so hoch ist, wie der serbische Staatshaushalt von 1912. Somit wurden Russland sowie Serbien für die französischen Interessen eingespannt. Frankreich konnte im Bedarfsfall auf die militärischen Ressourcen dieser beiden Staaten zählen, da diese mit französischen Krediten aufgebaut worden waren. Von Moltke (der Ältere) bezeichnete die französischen Kredite an Russland als: *"einen der vernichtendsten strategischen Schläge, die Frankreich seit dem Krieg 1870/71 gegen uns geführt hat."* [2]

---

[2]   Vgl. Simonnot, Phillipe. Non, L'Allemange n'était pas coupable. S. 56

1897 - Politik der freien Hand und Flottenaufbau

Am 6. Dezember 1897 hielt der neue Staatssekretär des Auswärtigen Amtes Bernhard von Bülow im Reichstag eine Rede, die besondere Aufmerksamkeit erregte:

> *"Die Zeiten, wo der Deutsche dem einen seiner*
> *Nachbarn die Erde überließ, dem anderen das*
> *Meer und sich selbst den Himmel reservierte,*
> *wo die reine Doktrin thront – diese Zeiten sind*
> *vorüber … Mit einem Worte: Wir wollen*
> *niemanden in den Schatten stellen, aber wir*
> *verlangen auch unseren Platz an der Sonne."*
> *Reichskanzler Bernhard von Bülow*

Bülows Rede markierte eine weitere Neuausrichtung in der deutschen Außenpolitik. Das Kaiserreich verließ die von Bismarck fokussierte Kontinentalpolitik und verfolgt nun eine expansionistische Weltpolitik. Man wollte zu den etablierten Kolonialmächten aufschließen, dabei aber auch niemanden *"in den Schatten stellen"*. Es ging also nicht um Weltherrschaft und Verdrängung, sondern um eine imperiale Ausrichtung ähnlich den anderen Großmächten.

Es begann ein hektisches Treiben auf der Suche nach einem Fleckchen Erde, auf dem noch keine Fahne wehte. Unter den etablierten Kolonialmächten war somit das Deutsche Reich der zu spät gekommene Parvenü, der überall für Unruhe sorgte. Laut Volker Ullrich verfolgte die deutsche Außenpolitik dabei keine Strategie, sondern zeichnete sich durch *"hektischen Aktivismus, gepaart mit notorischer Unberechenbarkeit"* aus (vgl. Die nervöse Großmacht 1871-1918, Volker Ullrich).

Mit Deutsch-Südwestafrika und einigen anderen Regionen in Afrika besaß das Deutsche Reich bereits seit 1884 einige Kolonien - meistens auf der Grundlage von bestehenden Handelskontoren, die nun staatlich geschützt wurden. Schnell wurde deutlich, dass der Unterhalt der Kolonien mehr kostete als sie einbrachten. Auch die Idee, den Bevölkerungsüberschuss des Deutschen Reiches dorthin abwandern zu lassen, ging nicht auf. Leider war das Klima in der Regel zu gewöhnungsbedürftig. Insgesamt wanderten nur 24.000 deutsche Siedler in die Kolonien aus. Dennoch waren im Vergleich zu den anderen Großmächten England und Frankreich die kolonialen Ambitionen Deutschlands vergleichsweise mager. Der Wunsch nach Kolonien widersprach jedoch Bismarcks Aussage von 1871, das Deutsche Reich sei „saturiert" und hätte keine weiteren territorialen Forderungen.

Um den angestrebten Platz an der Sonne auch beschützen zu können, sollte die Flottenaufrüstung forciert werden. Von Tirpitz schrieb in einer Denkschrift vom Juli 1897:

> *"Für Deutschland ist zur Zeit der gefährlichste Gegner zur See England. Es ist auch der Gegner, gegen den wir am dringendsten ein gewisses Maß an Flottenmacht als politischer Machtfaktor haben müssen."*
>
> *Admiral von Tirpitz*

Beim Antritt von Tirpitz verfügte das Deutsche Reich über nur sechs Kriegsschiffe, obwohl es die zweit größte Handelsmacht war. Statt aber maßvoll die Flotte auszubauen, wurde durch das Diktat des Militärs ein Wettrüsten mit England vom Zaun gebrochen, ohne dabei die diplomatischen Konsequenzen zu bedenken.

Während Bismarck und sein Nachfolger Leo von Caprivi noch einen Ausgleich oder gar ein Bündnis mit England gesucht hatten, bezweckten die koloniale Weltpolitik und der Ausbau der deutschen Flotte das genaue Gegenteil. Ziel war keine direkte Konfrontation, jedoch sollte dank einer starken Flotte die Position am Verhandlungstisch gestärkt werden. Es war eine sehr simple Form der Diplomatie, die im krassen Gegensatz zu der kreativen Außenpolitik zur Zeit Bismarcks stand. Scheinbar fühlte man sich stark genug, um bei der Durchsetzung der eigenen Ziele auf die Gefühle der anderen keine Rücksicht mehr nehmen zu müssen.

Mit dem Beginn des Baus der Bagdadbahn 1898 im Osmanischen Reich wollte das Deutsche Reich mit einer Landverbindung zu den Ölquellen im Iran/Irak die englische Seeherrschaft umgehen. Auch wenn der Bau dieser Bahn eine sinnvolle Idee war, kollidierte man hier mit den Interessen Russlands am Bosporus und Englands in Persien.

Ende März 1898 ergab sich dennoch eine Möglichkeit der Verständigung mit England, das sich ob seiner Differenzen mit Frankreich in Nordafrika und mit Russland in Ostasien plötzlich einen soliden Partner auf dem Kontinent wünschte. England wollte seine *splendid isolation* aufgeben und sich dem Dreibund annähern. In Berlin war man jedoch plötzlich nicht mehr daran interessiert. Vielmehr wurde am 28. März im deutschen Reichstag mit dem Flottengesetz der Aufbau einer Hochseeflotte beschlossen und somit ein Wettrüsten mit Großbritannien eingeleitet. Man sah sich in der Position der Stärke, aus der heraus es sinnvoller schien, den Flottenausbau voranzubringen, als ein Bündnis mit Großbritannien einzugehen.

Bernhard von Bülow überzeugte als außenpolitischer Staatssekretär den Kaiser davon, sich an keine der beiden (seiner Meinung nach tief verfeindeten) Mächte Russland oder

England zu binden und somit freie Hand zu haben. Sollten sich zwei streiten, würde man als glücklicher Dritter die Früchte einsammeln. Am 17. Oktober 1900 wurde Bernhard von Bülow vom Kaiser zum Reichskanzler ernannt.

Die Erwartungen jedoch, dass sich der russische Bär und der britische Löwe irgendwo in Fernost, Persien oder Afghanistan gegenseitig an die Gurgel gehen würden, wurden vorerst nicht erfüllt.

Im Januar 1901 streckte die britische Regierung nochmals die Fühler nach Berlin aus, um die Möglichkeit einer Zusammenarbeit zu sondieren. England hatte den holländischen Buren-Freistaat besetzt, der über reiche Diamanten und Goldressourcen verfügte. Um den Widerstand der Buren zu brechen, wurden die Familien der Siedler in Lagern konzentriert. England geriet wegen des Krieges international in die Kritik woraufhin der englischer Kolonialminister Joseph Chamberlain einen relativierenden Vergleich zu anderen Kriegen zog, darunter auch dem Deutsch-Französischen Krieg von 1871. Nach einiger Aufregung über diesen Vergleich in Deutschland, antwortete von Bülow recht brüskiert: *"Lasst den Mann gewähren und regt euch nicht auf. Er beißt auf Granit."*

Der negative Effekt dieser "Granit-Rede" auf England war ähnlich stark wie die Krüger Depesche von 1896. In London reifte die Erkenntnis, dass man mit dem Deutschen Reich auf keinen gemeinsamen Nenner kommen konnte.

Ein Zitat von Max Weber aus dem Jahre 1895 - fünf Jahre nach dem Abgang Bismarcks und zwei Jahre vor der "Platz an der Sonne Rede" - fasst den damaligen Zeitgeist des Kaiserreiches gut zusammen:

> *"Wir müssen begreifen, dass die Einigung Deutschlands ein Jugendstreich war, den die Nation auf ihre alten Tage beging und seiner Kostspieligkeit halber besser unterlassen hätte, wenn sie der Abschluss und nicht der Ausgangspunkt einer deutschen Weltmachtpolitik sein sollte."*
>
> Max Weber, 1895

In anderen Worten: Solange ein vereintes Deutschland keine Ausgangsbasis für Weltmachtansprüche ist, hätte man lieber auf die Reichsgründung verzichten sollen.

Nachdem Bismarck die deutsche Einheit gelungen war und er diese durch eine defensive Außenpolitik abgesichert hatte, war Deutschland endlich am Ziel seiner langen Reise zum stabilen Einheitsstaat. Allerdings sehnten sich auch die Eliten des vereinten Kaiserreiches nach Ruhm und Geltung. Diese Forderung nach Geltung in der Welt mündete in der Weltpolitik und dem Wunsch nach einem deutschen Kolonialreich ähnlich dem britischen Empire.

Zwischenfazit bis 1901

- 1898 bis 1901 wird die Chance einer Annäherung bzw. eines Bündnisses mit England vertan.
- Von Bülow und von Holstein: Politik der freien Hand statt wie Bismarck auf ein Netz aus Bündnissen zu setzen.
- Von Tirpitz: Flottenausbau um jeden Preis. Das Lieblingsprojekt von Wilhelm II.
- Weltpolitik: Ein Platz an der Sonne aus Prinzip, auch wenn Kolonien mehr kosten als sie einbringen.

1901 - 1909 Dreibund und Entente

Im März 1902 konstatiert Friedrich von Holstein selbstbewusst: *"Für uns liegt, soweit sich jetzt erkennen lässt, kein Grund vor, die Politik der freien Hand aufzugeben."* Tatsächlich hatte sich die außenpolitische Lage für das Deutsche Reich drastisch verschlechtert. Italien - eigentlich im Dreibund mit Deutschland und Österreich in einem Defensivbündnis vereint - hatte in bilateralen Verhandlungen mit Frankreich die gegenseitigen Interessensphären in Nordafrika abgesteckt und schloss dazu eine Vereinbarung strikter Neutralität, insofern Frankreich zur Verteidigung seiner Ehre oder Sicherheit dem Deutschen Reich den Krieg erklärt. Für Italien wogen die Gegensätze mit Österreich- Ungarn mehr als die gemeinsamen Absichten des Dreibunds.

England, dem das Deutsche Reich die kalte Schulter gezeigt hatte, hielt nach anderen Partnern Ausschau. Im Januar 1902 schloss es mit Japan ein Defensivbündnis. In Berlin nahm man an, dies sei das Vorspiel eines Konflikts mit Russland, von dem das Deutsche Reich profitieren könne. Jedoch war es der Auftakt einer Neuausrichtung der englischen Außenpolitik. Nach dem Burenkrieg, in dem in englischen Konzentrationslagern ca. 20.000 Menschen gestorben waren, wollte England seine Politik der Isolation aufgeben und die Wogen glätten.

In diesem Zuge einigte man sich mit Frankreich ab 1903 über koloniale Streitfragen in Nordafrika. Diese Gespräche mündeten im Abschluss der Entente Cordiale am 8. April 1904 einem direkten Bündnis zwischen Frankreich und England.

Das Deutsche Kaiserreich hatte sich außenpolitisch völlig verspekuliert und war nun tatsächlich - überwiegend selbst verschuldet - isoliert und eingekreist. Nach dem Zweibund zwischen Frankreich und Russland von 1894 bestand nun zusätzlich ein Bündnis zwischen Frankreich und England. Die Politik Bismarcks mit dem Ziel einer Isolation Frankreichs hatte sich 14 Jahre nach seinem Rücktritt völlig umgekehrt.

1905 - Marokkokrise und das Ende der deutschen Diplomatie

Nach dem Russisch-Japanischen Krieg 1904/05, der für den Zaren in einer militärischen Katastrophe endete, wurde in Berlin der Gedanke eines Präventivkrieges gegen Frankreich wieder lebendig. Die gegenwärtige Schwäche Russland ausnutzend, sollte mit einem schnellen Sieg über Frankreich der außenpolitische Ring, der sich um das Deutsche Reich geschlossen hatte, aufgesprengt werden. Hierfür wurde der Schlieffenplan erarbeitet, der zuerst die Bezeichnung "Angriffskrieg gegen Frankreich" trug.

Am Ende verzichteten von Bülow und von Tirpitz auf den Waffengang. Aus Angst davor, dass die britische Flotte die Chance nutzt, um die noch unfertige deutsche Flotte auszuschalten.

Stattdessen wollte man auf dem außenpolitischen Parkett auftrumpfen und in der Konferenz von Algeciras die Marokko-Frage klären. Frankreich beabsichtigte eine schrittweise Kolonisierung des unabhängigen Marokkos, weshalb das Deutsche Reich eine internationale Konferenz einforderte. Die Hoffnung war, gemeinsam mit den anderen Konferenzteilnehmern, Frankreich in seine Schranken zu weisen. Stattdessen wurde jedoch dem Deutschen Reich vorgeführt, wie sehr es außenpolitisch bereits im Abseits stand. Es erhielt nur von Österreich- Ungarn Rückendeckung. Die Konferenz endete mit einer diplomatischen Niederlage Deutschlands.

England war spätestens 1905/06 klar geworden, dass der deutsche Flottenausbau sich primär gegen die britische Weltmachtposition richtete. Es reagierte auf die Herausforderung mit dem Bau einer neuen Schlachtschiff-Klasse, der Dreadnought. Ca. zehn Jahre, nachdem Tirpitz den Flottenausbau forciert hatte, zeichnete sich sein Scheitern ab. Das Wettrüsten mit England war nicht zu gewinnen. Zum einen hätte das Deutsche Reich einen enormen Rückstand aufholen müssen und zum anderen wurde es immer schwieriger, die dafür notwendigen Budgets vom Reichstag bewilligt zu bekommen, während England sein Wettrüsten durch eine direkte Besteuerung decken konnte.

Das einzige Ergebnis des Flottenwettrüstens war, dass sich die Spannungen zwischen England und Deutschland verschärften. Und am 31. August 1907 geschah, was die wilhelminische Politik für unmöglich gehalten hatte: England und Russland einigten sich über eine Abgrenzung der Interessensphären in Asien. Mit der russisch-englischen Konvention von 1907 hatte sich die Entente cordiale zur Triple-Entente erweitert. Der Begriff der "Einkreisung" machte im Deutschen Reich die Runde, doch war dieser laut Volker Ullrich *"hausgemacht, provoziert durch die eigene prestigesüchtige Welt- und Flottenpolitik."*

1908 - Bosnien, Führungs- und Finanzkrise

Das Jahr 1908 brachte drei prägende Momente:

1. Die Bosnien-Krise im Herbst 1908. Österreich-Ungarn annektierte ohne Rücksprache mit den anderen Mächten, die seit dem Berliner Kongress besetzte, ehemalige osmanische Provinz Bosnien.

Das Jahr 1908 brachte drei prägende Momente:

1. Die Bosnien-Krise im Herbst 1908. Österreich-Ungarn annektierte ohne Rücksprache mit den anderen Großmächten, die seit dem Berliner Kongress von 1878 besetzte, ehemalige osmanische Provinz Bosnien. Sehr zum Ärger Russlands und insbesondere Serbiens, das direkt mit Krieg drohte. Statt zwischen den Parteien zu vermitteln, stellte sich das Deutsche Reich hinter Österreich und zwang Russland dazu, Serbien zurückzupfeifen. Dies war der erste Blankoscheck an Wien. Der Zar war nach dem verlorenen Krieg gegen Japan und der russischen Revolution von 1905 noch militärisch geschwächt und gab klein bei. Berlin und Wien hatten zwar einen diplomatischen Sieg errungen, in Moskau jedoch reifte die Überzeugung, dass es ein „zweites Bosnien" nicht geben sollte. Dies würde sich später in der Juli-Krise von 1914 bewahrheiten.

2. Die Daily Telegraph Affäre entzweite den Kaiser und seinen Reichskanzler von Bülow. Hintergrund war ein delikates Interview des Kaisers, das ohne Prüfung durch die Pressestelle bzw. durch den Reichskanzler (der im Urlaub weilte) in der englischen Presse gedruckt wurde. Der Kaiser plauderte darin über Staatsgeheimnisse und sorgte somit für Aufsehen in Deutschland. Die Baronin Spitzemberg notierte hierzu am 01.11.1908:

> *"Etwas derartiges an sträflicher Lumperei, gewissenlosem Leichtsinn ist wohl je nicht da gewesen und wohl geeignet, das schon so erschütterte Vertrauen in unsere politische Leitung ganz zu zerstören".*

3. Im August 1908 hatte von Bülow angesichts der chronischen Finanznot an von Holstein geschrieben: *"Wir können nicht gleichzeitig das erste Heer der Welt haben ... die großzügigste und kostspieligste Sozialpolitik unter allen Völkern treiben und eine Risikoflotte bauen und erneuern."* Es fehlten ca. 500 Millionen Reichsmark in der Staatskasse. Zwar wurden neue Verbrauchsteuern eingeführt, um die gröbsten finanziellen Löcher zu stopfen, aber die Finanzkrise von 1908 hatte deutlich gezeigt, dass sich das Deutsche Reich mit der Flottenaufrüstung verhoben hatte.

Von Bülow Amtszeit als Reichskanzler lief ab. In der Bilanz war nun das Deutsche Reich außenpolitisch völlig isoliert und die (Welt)Politik der freien Hand war gescheitert. Wilhelm II. hatte bei der Ernennung von Bülows zum Reichskanzler gesagt, er werde sein zweiter Bismarck werden - er wurde das genaue Gegenteil.

1909 bis 1911 - Die 2. Marokkokrise und der Weg zum Krieg

Als Theobald von Bethmann Hollweg im Juni 1909 Reichskanzler wurde, war der Alptraum Bismarcks bereits wahr geworden. Das revanchistische Frankreich hatte eine Koalition um Deutschland geschlossen und man fühlte sich "eingekreist". Bethmann Hollweg versuchte den außenpolitischen Scherbenhaufen, den ihm von Bülow hinterlassen hatte, aufzuräumen.

Gerade als Gespräche mit England bezüglich des Flottenbauprogramms begannen, wurde die Klimaverbesserung durch die zweite Marokkokrise getrübt. Frankreich besetzte im Mai 1911 Fez, die Hauptstadt Marokkos, was ein klarer Bruch der Konferenz von Algeciras war. Alfred von Kiderlen-Wächter, seit Juni 1910 Staatssekretär des Äußeren wollte dies nutzen, um die Marokko-Frage neu aufzuwerfen und die Strapazierfähigkeit der Entente cordiale (Frankreich & England) zu testen.

Am 1. Juli 1911 ankerte das deutsche Kanonenboot Panther vor Agadir. Der "Panthersprung" erregte großes Aufsehen - Begeisterung in Deutschland und Ablehnung im Ausland, wo man der deutschen Drohgebärden langsam überdrüssig wurde. Es war eine Neuauflage der Marokkokrise von 1905/06 - mit einer Diplomatie des kalkulierten Risikos sollte das Bündnissystem, das Deutschland umschloss, Risse bekommen. Die Rechnung ging nicht auf. Der englische Schatzkanzler David Lloyd George unterstrich in seiner Rede vom 21. Juli 1911, dass in der Marokkofrage auch lebenswichtige Interessen Englands berührt werden würden und es notfalls bereit wäre, für diese Interessen zu kämpfen.

Marokko wurde französisches Protektorat und das Kaiserreich erhielt als Kompensation einen Landstreifen in Westafrika. Das Resultat war erneut ein Fiasko für die deutsche Außenpolitik. England und Frankreich begannen noch während der Krise - für den Fall eines Krieges - an einem gemeinsamen Operationsplan zu arbeiten.

Je stärker die deutsche Außenpolitik scheiterte, desto drastischer trat das Militär auf. Im August 1911 warnte der Generalstabschef Helmuth von Moltke:

"Wenn wir aus dieser Affäre wieder mit eingezogenem Schwanz herausschleichen, wenn wir uns nicht zu einer energischen Forderung aufraffen können, die wir bereit sind, mit dem Schwert zu erzwingen, dann verzweifle ich an der Zukunft des Deutschen Reiches."

Helmuth von Moltke (der Jüngere), August 1911

Die außenpolitischen Fronten waren verhärtet und in gewisser Weise markierte die 2. Marokkokrise von 1911 einen Einschnitt im Zeitgeist des Kaiserreichs. Volker Ullrich schreibt hierzu in seinem Buch „Die nervöse Großmacht":

„Die Vorstellung, daß der große Krieg über kurz oder lang doch kommen könne, sogar kommen müsse, weil sich nur durch ihn die äußeren und inneren Probleme lösen ließen, setzte sich immer stärker im öffentlichen Bewusstsein durch."

1912 - Dominosteine

Um von innenpolitischen Problemen abzulenken, wurde auch in Italien die Idee kolonialer Expansion propagiert. Dem italienischen Premierminister Giovanni Giolitti war bewusst, dass ein solcher Krieg die fragile Balance in Europa gefährden könnte. Aber ermuntert von England und Russland, erklärte Italien dennoch im September 1911 dem Osmanischen Reich den Krieg - mit dem Ziel, Libyen als Kolonie zu erobern. Die damit verbundene Schwächung des Osmanischen Reiches nutzen die Balkanstaaten Serbien, Bulgarien und Griechenland aus, um sich im Balkankrieg die osmanische Gebiete Europas untereinander aufzuteilen. Das Osmanische Reich verlor trotz zähem Widerstand an allen Fronten.

Die Geländegewinne der Gegner waren immens, allein Serbien konnte sein Territorium nahezu verdoppeln. Obwohl damit der serbische Zugang zur Adria - und somit zu wichtigen Handelshäfen - zum Greifen nahe war, wurde dies durch Österreich-Ungarn verhindert, indem sich Wien für die Gründung des Staates Albanien einsetzte. Russland, als serbische Schutzmacht, und Österreich-Ungarn stießen bei der Adria-Frage erneut aneinander.

Das Dilemma des Kaiserreiches war, entweder Österreich-Ungarn militärische Rückendeckung auf dem Balkan zu geben und einen Krieg mit Serbien und somit auch Russland zu riskieren. Oder, falls man Wien diese Unterstützung versagte, den letzten Bündnispartner zu verlieren. Wilhelm II. hatte bezüglich des Balkans eigentlich die Devise einer *"Nicht-Intervention um jeden Preis"* ausgegeben. Er wurde jedoch von seinem Reichskanzler überzeugt, diese Haltung aufzugeben. Schon am 22. November sagte der Kaiser dem österreichischen Generalstabschef, dass Österreich-Ungarn *„auf Deutschlands Unterstützung unter allen Verhältnissen voll zählen"* könne. Bethmann Hollweg konkretisierte dies am 2. Dezember 1912 im Reichstag:

> *"Deutschland seine Bündnispflichten erfüllen würde, falls die Österreicher bei der Geltendmachung ihrer Interessen wider alles Erwarten von dritter Seite angegriffen und damit in ihrer Existenz bedroht werden sollten."*

Die Antwort aus London kam postwendend am folgenden Tag:

"Dass England bei einem europäischen Konflikt schon im Interesse der Wahrung des Gleichgewichts nicht den "stillen Zuschauer" spielen könne und "unter keinen Umständen eine Niederwerfung der Franzosen" hinzunehmen bereit sei."
Britischer Kriegsminister Haldane am 3. Dezember 1912, London

Als Wilhelm II. von Haldanes Rede bzw. Warnung hörte, war er ziemlich aufgebracht und bestellte für den 8. Dezember 1912 seine militärischen Berater zu einer Unterredung ein - ohne seinen Reichskanzler darüber zu informieren. In diesem später als „Kriegsrat" genannten Treffen wurden weitere militärische Aufrüstungen beschlossen - insbesondere der Ausbau der U-Boot Flotte, die sich gegen England richten sollte.

Die Härte der Botschaft aus London stand auch im Zeichen der im Frühjahr 1912 gescheiterten Gespräche zur gegenseitigen Rüstungskontrolle. In der sogenannten Haldane Mission wollte Reichskanzler Bethmann Hollweg den Engländern bei der Flottenaufrüstung entgegenkommen, aber Marinesekretär von Tirpitz - eigentlich dem Reichskanzler unterstellt - wendete sich direkt an den Kaiser. Dieser war bei dem Gedanken einer Rüstungskontrolle nahezu beleidigt und entschied gegen den Reichskanzler. Bethmann Hollweg war mattgesetzt und die Beziehungen zwischen London und Berlin kühlten weiter ab. Da eine Kriegsteilnahme Englands an der Seite Frankreichs und Russland nun sehr wahrscheinlich war, wurde der Bau von U-Booten forciert. Während Generalstabschef von Moltke den Krieg für unvermeidbar hielt und diesen *je eher desto besser* wünschte, sprach sich Tirpitz für eine Wartezeit von ca. 1,5 Jahren aus, damit die Flotte entsprechend ausgebaut werden könnte.

Das Entscheidende an dieser Kriegsrat-Konferenz war jedoch, dass die Militärs den Krieg mittlerweile
für unvermeidbar hielten. Da sich das Kräfteverhältnis (vermeintlich) zunehmend zu Ungunsten des Kaiserreichs entwickelte, wollten sie diesen Krieg lieber heute als morgen. In der kommenden Juli-Krise von 1914 sollte sich diese "Unvermeidbarkeit" und "Je eher desto besser" Mentalität als Brandbeschleuniger erweisen.
Grund für diese Eile war das schnelle Wachstum der russischen Industrie und der Ausbau der Eisenbahnlinien - überwiegend finanziert mit französischen Krediten - die in Zukunft eine schnelle Mobilisierung der russischen Armeen erlauben würden. Bethmann Hollweg selbst war im Juli 1912 zu einer Russlandreise aufgebrochen und war beunruhigt über *"die aufstrebende, künftig übermächtige russische Industriemacht"* mit ihrem *"Reichtum an Bodenschätzen und derber physischer Menschenkraft"*.

Der Generalstabschef von Moltke (der Jüngere) formulierte diesen Zeitgeist im Mai 1914 wie folgt:

> *"Die Aussichten in die Zukunft bedrückten ihn schwer. In 2–3 Jahren würde Russland seine Rüstungen beendet haben. Die militärische Übermacht unserer Feinde wäre dann zu groß."*

Zwischenfazit bis 1914

- In den Krisen auf dem Balkan (Bosnien & Albanien) und in Marokko verspielte das Deutsche Reich seinen letzten diplomatischen Kredit.
- Der massive Ausbau der Industrie und der Eisenbahn in Russland machte das deutsche Militär nervös. Die Überzeugung, der unvermeidliche Krieg müsse möglichst bald geführt werden - solange das Deutsche Reich noch militärisch überlegen sei - manifestierte sich.
- Die Invasion Libyens durch die Italiener brachte einen Stein ins Rollen. Die dadurch bedingte Schwäche des Osmanischen Reiches löste 1912 und 1913 die Balkankriege aus, wodurch Südost-Europa völlig destabilisiert wurde.

Zeitgeist in der Literatur

In der Vorkriegs-Literatur gab es zwei bezeichnete Bücher, die von den Eliten der Hauptstädte gelesen und diskutiert wurden. *"Die große Illusion"* vom britischen Publizisten Norman Angell erschien 1910 und handelte von der Unmöglichkeit eines Kriegs. Ein solcher Krieg würde nur Verlieren kennen, da die Volkswirtschaften mittlerweile zu sehr miteinander verflochten waren. Es war also ein nahezu prophetisches Buch. 1912 veröffentlichte der preußische General von Bernhardi sein Buch *"Deutschland und der nächste Krieg"*, in dem die Notwendigkeit eines Krieges aus ökonomischen und sozialdarwinistischen Argumenten dargelegt wurde. Es war das Gegenmodell zu der pazifistischen *"Die große Illusion"*. Nach dem Kriegsausbruch diente das Buch Friedrichs von Bernhardi als Beleg für die Kriegsabsichten des Kaiserreiches.

Inwieweit es jedoch mit lediglich 7.000 verkauften Exemplaren die breite deutsche Meinung oder den Zeitgeist von 1912 widerspiegelte, bleibt offen.

1914 - Sarajevo und die Julikrise

Über die tödlichen Schüsse auf den österreichischen Thronfolger in Sarajevo wurde Wilhelm II. am 30. Juni durch ein Telegramm des deutschen Botschafters in Wien, Heinrich von Tschirschky, informiert. Dieser berichtete ihm, er nutze jede Gelegenheit, "*um ruhig, aber sehr nachdrücklich und ernst vor übereilten Schritten* (Österreichs gegen Serbien) *zu warnen*". Der Kaiser quittierte dies mit einer Randbemerkung: "*Tschirschky soll den Unsinn gefälligst lassen! Mit den Serben muss aufgeräumt werden, und zwar bald.*" Für den Kaiser war der Zeitpunkt gekommen, den Krieg zu beginnen, der lieber *"Jetzt oder nie!"* entschieden werden sollte.

Auch der österreichische Generalstabschef Franz Conrad von Hötzendorf sah in dem Attentat von Sarajevo die Gelegenheit, endlich mit den verhassten Serbien abzurechnen. Er hatte schon vor dem Anschlag wiederholt einen Krieg gegen Serbien gefordert, um diesen lästigen Nachbarn in seine Schranken zu weisen. Dabei überschätzte er die militärische Schlagkraft Österreichs maßlos und unterschätze Serbien, das dank zweier siegreicher Balkankriege und französischer Kredite gut gerüstet war.

Am 4. Juli wurde Graf Alexander Hoyos aus dem österreichischen Außenministerium nach Berlin geschickt, um die Haltung der deutschen Regierung zu erfragen. Wilhelm II. und Reichskanzler Bethmann Hollweg sicherten Österreich-Ungarn nicht nur die volle Unterstützung Deutschlands zu, sie drängten sogar auf rasches und energisches Handeln. Er würde es bedauern, äußerte Wilhelm II. am 5. Juli dem österreichischen Botschafter Szögyeni gegenüber, "*wenn wir den jetzigen für uns so günstigen Moment ungenutzt ließen*". Am nächsten Tag ergänzte der Reichskanzler Bethmann Hollweg, dass er "*ebenso wie sein kaiserlicher Herr ein sofortiges Einschreiten unsererseits gegen Serbien als radikalste und beste Lösung unserer Schwierigkeiten am Balkan*" ansehe. Danach verabschiedet sich Wilhelm II. in den Segelurlaub und in Berlin kehrt erstmal Ruhe ein.

Diese Aussagen gingen als "Blankoscheck" Deutschlands gegenüber Österreich-Ungarn in die Geschichte ein. Egal was Österreich-Ungarn gegenüber Serbien anstellen würde, Deutschland musste nun mitziehen.

Über den Grund für diesen Blankoscheck wurde viel spekuliert: Es wäre entweder der Startschuss des von langer Hand geplanten Griffs der Deutschen nach der Weltmacht gewesen (Fischer-Kontroverse) oder aber ein unbedachtes Hineinstolpern in den globalen Konflikt (Schlafwandler, Christopher Clark). Ein dritter Grund (vertreten durch die Historiker: Egmont Zechlin, Karl Dietrich Erdmann, Andreas Hillgruber und Klaus Hildebrand) beleuchtet die Entscheidungen im Juli 1914 aus dem Blickwinkel außenpolitischer Überlegungen. Das Kaiserreich hatte sich zwischen 1890 (Nicht-Verlängerung des Rückversicherungsvertrags mit Russland) und 1904 (Entent Cordial zwischen Frankreich und England) selbst ins außenpolitische Abseits geschoben. Frankreich hatte diese Zeit genutzt, um die ehemalige Bündnispolitik Bismarck umzukehren. Nun war das Deutsche Reich isoliert. Daher versuchte das Kaiserreich, mit einer diplomatischen Offensive den Ring zu sprengen, in dem sie die Triple Entente vor eine Belastungsprobe stellte. Hierbei wurde evtl. ein globaler Krieg in Kauf genommen, aber die Hoffnung war, den serbischen Konflikt regional zu lösen und einen diplomatischen Erfolg zu erzielen. Es war die gleiche Mechanik eines "kalkulierten Risikos" wie bei den beiden Marokko Krisen - und sie sollte ein drittes Mal scheitern. Die diplomatische Einfallslosigkeit ist ein Beleg dafür, wie sehr sich die deutsche Außenpolitik festgefahren hatte.

Folgendes Zitat in Bezug auf das Verhalten des Kaiserreiches in der Juli-Krise bringt es auf den Punkt:

> *"Eliten, die sich derart mit dem Rücken zur Wand verteidigen, ist in erhöhtem Maße die Einstellung eigen, hohe Risiken einzugehen, um ihre Spitzenposition in der sozial-politischen Hierarchie zu behaupten."*
> *Wolfgang J. Mommsen &*
> *Hans-Ulrich Wehler*

Laut Volker Ulrich, dem Autor von "Eine nervöse Groß-macht 1871 - 1918" lag dem deutschen Verhalten in der Juli-Krise keine imperiale Strategie zugrunde, wie später gern behauptet wurde, sondern: *"...ein merkwürdiges Ge-misch aus übertriebenen Befürchtungen, irrationalen Erwar-tungen und dilettantischen Fehlrechnungen."*

Der morsche Vielvölkerstaat Österreich-Ungarn würde früher oder später kollabieren, wenn er nicht - mit Deutsch-lands Hilfe - einen deutlichen Prestigeerfolg gegen Serbien erzielt. Zugleich könnte in dieser Krise geprüft werden, wie kriegsbereit Russland wirklich war. Insofern es bereit war, für Serbien und die panslawistische Idee in den Krieg gegen ein verbündetes Deutschland & Österreich-Ungarn zu ziehen, dann lieber jetzt als morgen.

Man erwartete, dass Russland seine Aufrüstung 1916/17 abgeschlossen haben würde. Bis dahin könnte die KuK-Monarchie von inneren Autonomiebewegungen seiner slawischen Völker weiter aufgeweicht worden sein. Wie von Moltke immer wieder erwähnt, wären zu einem späteren Zeitpunkt die Chancen ungleich schlechter, den (seiner Meinung nach) "unausweichlichen" Krieg zu gewinnen.

Es gab die Möglichkeit, dass Russland erneut (wie in der Bosnien-Krise von 1908) vor einem Konflikt zurückschreckt und somit die Entente Tripel destabilisiert werden würde. Diese Überlegung fasste Riezler - deutscher Diplomat und enger Vertrauter des Reichskanzlers Bethmann Hollweg - wie folgt zusammen:

> *"Kommt der Krieg nicht, will der Zar nicht*
> *oder rät das bestürzte Frankreich zum Frieden,*
> *so haben wir doch noch Aussicht, die Entente*
> *über diese Aktion auseinander zu manövrieren."*
> *Riezler, 8. Juli 1914*

Unter diesen Prämissen ist das Vorgehen inkl. Blankoscheck bedingt nachvollziehbar. Dieses Kalkül wäre evtl. aufgegangen, wenn Österreich-Ungarn schnell gehandelt hätte und im Affekt eine militärische Strafaktion gegen Serbien vollzogen hätte. Die Entente Tripel wäre vor vollendete Tatsachen gestellt worden. *"Ein schnelles fait accompli, und dann freundlich gegen die Entente, dann kann der Choc ausgehalten werden."* wie Riezler in seinem Tagebuch vermerkte.

Die (Re)aktion Österreich-Ungarns hätte von den anderen Großmächten toleriert werden können. Schnelles Handeln war also entscheidend, um die Krise regional militärisch und global diplomatisch zu lösen.

Doch in Wien ließ man wertvolle Zeit verstreichen. Es dauerte ganze zwei Wochen bis am 19. Juli endlich der Text des Ultimatums an Belgrad überreicht wurde - wohlgemerkt, ohne ihn vorher mit Berlin abzustimmen. Durch diese Verzögerung entfiel der für das deutsche Krisenkalkül zentrale Überraschungsmoment. Das war die erste große Fehleinschätzung der deutschen Außenpolitik in der Julikrise. Der zweite Fehler war, dass niemand bedacht hatte, was zu tun ist, wenn Serbien die Bedingungen des Ultimatums annimmt. Die Antwortnote Belgrads war ein Meisterstück der Diplomatie, da sie auf alle Punkte einging und lediglich die Ermittlung österreichischer Polizeibeamter auf serbischen Boden einem internationalen Gericht bzw. Komitee unterstellen wollte. Damit entfiel die Legitimation für ein militärisches Vorgehen gegen Serbien. Der Spieß wurde von den Serben umgedreht und wenn nun Österreich-Ungarn trotzdem angreifen sollte, dann waren sie der Aggressor, denn Serbien ging auf (fast) alle Forderungen ein, um den Konflikt abzuwenden.

Das Deutsche Reich ging davon aus, dass Österreich-Ungarn das Recht auf seine Seite hatte und wollte sich diese Gelegenheit für einen diplomatischen Sieg nicht nehmen lassen. Deshalb wurden englische Vermittlungsangebote während der Juli-Krise abgelehnt oder hingehalten. Dies sorgte in London für Irritation und ließ den englischen Unterstaatssekretär Nicolson sagen:

"Wir sind Zeugen eines höchst zynischen und verwegenen Vorgehens, und Deutschland sollte um seines eigenen Ansehens willen durch Taten beweisen, daß es nicht gewillt ist, sich daran zu beteiligen."
Foreign Office London, Unterstaatssekretär
Nicolson am 27. Juli 1914

Dass trotz überwiegender Annahme der Forderungen die serbische Antwortnote von Österreich-Ungarn abgelehnt wurde, interpretierten England, Frankreich und Russland als Kriegsbereitschaft Deutschlands und zeigten sich entschlossen, auf diese Provokation entschieden zu antworten.

Das Verhalten der KuK-Monarchie während der Julikrise war simpel gesagt dilettantisch.

> *"In Wien, so drückte es einmal ein deutscher Diplomat aus, "beginnt der Mensch mit dem Grafen". Denn häufig waren hier statt selbständigem Urteilsvermögen und Weltläufigkeit nur ein bornierter Korpsgeist und aristokratische Weltfremdheit anzutreffen, wie sich an der Ablehnung der serbischen Antwortnote zeigte."*
>
> *Zitat von Volker Ullrich, Eine nervöse Großmacht 1871 - 1918*

Christopher Clark verwendete in seinem Buch "Die Schlafwandler" die passende Metapher, dass Österreich-Ungarn "*in den Krieg trippelte, wie ein Igel über die Autobahn*".

Wilhelm II. selbst hat Anfangs auf einen schnellen Schlag gegen Serbien gedrängt. Nach seinem Segelurlaub, als sich abzuzeichnen begann, dass aus dem regionalen Konflikt ein Weltkrieg entbrennen könnte, begann er zu zaudern. Das Heft des Handelns lag jedoch mittlerweile bei Österreich-Ungarn. Und Wien trat in der Gewissheit, Deutschland hinter sich zu wissen, mit geschwellter Brust auf.

Bethmann-Hollweg war für seinen Verstand und seine verantwortungsvolle Persönlichkeit bekannt. Dennoch spielte er in der Juli Krise eine tragische Rolle. Da seine Frau Anfang Mai verstorben war, sah er sehr pessimistisch auf die Ereignisse. Er wirkt nicht (wie sonst) mäßigend auf den Kaiser und die Militärs ein, sondern ist zu drastischen Maßnahmen (wie dem Blankoscheck an Österreich-Ungarn) bereit.

Als Bethmann-Hollweg und dem Kaiser Ende Juli 1914 deutlich wurde, welche Lawine sie mit dem Blankoscheck ausgelöst hatten, war es zu spät, um die Wogen wieder zu glätten. Am 4. August 1914 war die Politik des kalkulierten Risikos gescheitert. England stellte ein Ultimatum und Italien verweigerte die Bündnishilfe mit Verwies auf die Defensivklausel des Dreibundes. Bethmann- Hollweg bot dem Kaiser seinen Rücktritt als Reichskanzler an, den dieser mit dem folgenden Satz abgelehnt haben soll:
"Sie haben mir die Geschichte eingebrockt, nun müssen Sie sie auch ausfressen."

Der preußische Kriegsminister Erich von Falkenhayn notierte am 28. Juli 1914:

> *" [Der Kaiser] hält wirre Reden, aus denen nur klar hervorgeht, daß er den Krieg jetzt nicht mehr will und entschlossen ist, um diesen Preis selbst Österreich sitzen zu lassen. Ich mache ihn darauf aufmerksam, daß er die Angelegenheit nicht mehr in der Hand hat."*
> *Erich von Falkenhayn, 28. Juli 1914*

Plötzlich sehnte sich Wilhelm II. nach Frieden, wenn auch primär seiner Bequemlichkeit und sprunghaften Persönlichkeit wegen.

Holger Afflerbach beschreibt in seinem Buch "Auf Messers Schneide" den Kaiser wie folgt: "*Das Hauptproblem des Kaisers war seine Inkonsistenz, seine Oberflächlichkeit und seine stark ausgeprägte Neigung, schwierigen Entscheidungssituationen auszuweichen.*"

Die Lokomotive der Mobilisierung hatte bereits Fahrt aufgenommen und war nicht mehr zu stoppen. Obwohl Bethmann Hollweg vor dem Reichstag von einem aufgezwungenen Verteidigungskrieg sprach, waren es deutsche Armeen, die offensiv ins neutrale Belgien und Luxemburg einmarschieren.

Statt in der Juli-Krise alles auf eine Karte zu setzen, hätte Abwarten die Position des Deutschen Reiches verbessert, wie der Autor Holger Afflerbach ebenfalls schreibt:

> "*Und doch hatte Deutschland, wie zumindest der Industrielle Hugo Stinnes und später auch Ferdinand Foch meinten, infolge seiner industriellen Dynamik und seines großen Bevölkerungszuwachses durch Abwarten mehr zu gewinnen als die eher stagnierenden Gesellschaften Frankreichs und Großbritanniens.*"
>
> *Auf Messers Schneide, Holger Afflerbach, 2018*

Kettenreaktion

- 29. Juli 1914 Österreich-Ungarn eröffnet die Feindseligkeiten gegenüber Serbien.
- Daraufhin erfolgt die russische Teilmobilmachung.
- Der englische Außenminister lässt ausrichten, dass England in dem kommenden Konflikt nicht neutral bleiben könne.
- Nun versucht Deutschland mäßigend auf Österreich-Ungarn einzuwirken - jedoch ohne Erfolg bzw. viel zu spät.
- Am 31. Juli um 16 Uhr russische Generealmobilmachung. Ultimatum des Kaiserreichs an Russland, die Mobilmachung zurückzunehmen.
- Nach Ablauf des Ultimatums am 1. August deutsche allgemeine Mobilmachung und wenig später die Kriegserklärung an Russland.
- Anfrage des Deutschen Reiches an Frankreich, ob es sich in dem bevorstehenden Konflikt neutral verhalten wird. Frankreich antwortet vage, es würde in den Interessen seiner Nation handeln, ohne die Neutralität zu garantieren, woraufhin am 3. August Deutschland Frankreich den Krieg erklärt.
- Am 2. August Ultimatum an Belgien, einen Durchmarsch deutscher Truppen zu erlauben. Nach Ablehnung erfolgt am 4. August der Einmarsch ins neutrale Belgien.
- Daraufhin Ultimatum Englands an Deutschland, die belgische Neutralität zu wahren. Nach Ablauf des Ultimatums Kriegserklärung an Deutschland.

In dem Buch "*Falkenhayn: Politisches Denken und Handeln im Kaiserreich*" von H. Afflerbach wird das Denken der deutschen Elite in der Juli-Krise treffend beschrieben:

> *Für Moltke - wie für Bethmann Hollweg - war ein dem Zeitgeist entsprechendes Pflichtgefühl gegenüber der scheinbaren Notwendigkeit der Existenzsicherung (des Deutschen Reiches) ausschlaggebend. [...] Moltke hatte durch seine ständigen Warnungen vor dem für 1916 erwarteten Angriff und der dann drückend überlegenen Entente entscheidend dazu beigetragen, bei Bethmann die Bereitschaft zu höchstem Risiko zu steigern.*[3]

Das preußische Militär - der Staat im Staat

Beim Tode Friedrichs II. soll der französische Staatsmann Graf Mirabeau gesagt haben: "*Andere Staaten besitzen eine Armee; Preußen ist eine Armee, die einen Staat besitzt.*" Seit dem Dreißigjährigen Krieg 1618 bis 1648 legten die preußischen Herrscher Wert auf ein starkes Militär, um nicht erneut zum Spielball anderer Nationen und Interessen zu werden. Für den Erhalt des großen stehenden Heeres wurden in dem kleinen Land hohe Steuern erhoben. Wegen dieser hohen Steuerlast und den Zwangsrekrutierungen war das Militär in der Bevölkerung Preußens anfangs nichts sonderlich beliebt. Die liberale Märzrevolution von 1848/49 wurde ebenfalls von preußischen Streitkräften niedergeschossen.

---

[3] Afflerbach, Holger. Falkenhayn: politisches Denken und Handeln im Kaiserreich, S. 170

Dennoch genoss das Militär im Kaiserreich ein hohes Ansehen. Wie es zu diesem Sinneswandel kam, beschreibt Prof. Sönke Neitzel in seinem Buch „Deutsche Krieger":

"Doch die große Zäsur in der modernen deutschen Militärgeschichte stellten zweifellos die Siege in den Einigungskriegen von 1864, 1866 und 1870/71 dar. Sie waren nicht nur eine wichtige Voraussetzung für die Gründung des ersten deutschen Nationalstaats, sondern sie veränderten auch das Verhältnis der Deutschen zu ihrem Militär grundlegend. Die bürgerlich-liberale Kritik an den Streitkräften wich einer schier grenzenlosen Bewunderung. Die Siege gegen Österreich und Frankreich manifestierten zudem einen German Way of War: Schnelle, blitzartige und risikoreiche Angriffsoperationen waren seit 1866 das Merkmal preußisch-deutscher Kriegführung."

Kommunikation ist generell wichtig. Das Militär saß jedoch auf einem hohen Ross. Es sah sich nicht genötigt, die Regierung und den Reichskanzler über militärische Pläne (Schlieffenplan) aufzuklären. Der Reichskanzler wollte laut Sebastian Haffner[4] drei Ziele erreichen. Wenn denn ein Krieg schon unausweichlich sei, dann:

1. Müsste Österreich-Ungarn mitmachen.
2. Die Sozialdemokraten müssten mitmachen.
3. England müsste neutral bleiben.

---

[4] Haffner, Sebastian. Von Bismarck zu Hitler. S. 114 ff.

Die Schüsse in Sarajevo gaben hierfür die optimale Gelegenheit. Es wäre ein österreichischer Krieg, in dem das Deutsche Reich als Verbündeter einspringt, sobald Russland der KuK-Monarchie den Krieg erklärt. Einem Bündnisfall würden die Sozialdemokraten zustimmen. Da es sich um einen osteuropäischen Krieg handeln würde, sähe England keinen Anlass direkt einzugreifen. Selbst wenn Frankreich Russland zur Hilfe kommen würde, könne das Deutsche Reich sich im Westen defensiv verhalten.

Das deutsche Militär machten jedoch einen Strich durch diese Rechnung, da der einzig verfügbare Aufmarschplan einen Blitzsieg über Frankreich vorsah. Und dieser war nur möglich, indem man die französischen Festungen umging - und zwar über Belgien, dessen Neutralität von England garantiert wurde. Im Deutschen Reich herrschte ein Ressort-Denken, weshalb außerhalb der eingeweihten Militärs niemand den Schlieffenplan kannte - nicht einmal der Kriegsminister. Ebenso wenig war das Heer mit den Plänen der Marine vertraut und andersherum. Die einzige Person, die alle Pläne kannte, war der Kaiser.

Kriege können gewonnen oder verloren werden, bevor der erste Schuss fällt. Das Deutsche Reich hatte sich mit seiner Weltpolitik und Fokussierung auf den Schlieffenplan in eine sehr ungünstige Ausgangsstellung für einen Krieg manövriert. Einerseits wurde die Mobilisierung von der deutschen Militärführung unter Berücksichtigung von Eisenbahnlinien und Brückenkapazitäten bis ins kleinste Detail geplant. Andererseits wurde der Gefahr eines englischen Kriegseintritts zum Schutz Belgiens kaum Beachtung geschenkt. Der Bruch der belgischen Neutralität wurde im Generalstab mit den militärischen Chancen verrechnet und ohne große Diskussion akzeptiert.

Arthur von Gwinner fasste im August 1914 die Juli-Krise wie folgt zusammen: *"Sie haben ein gefährliches Spiel in der Wilhelmstraße gespielt, wollten mit Russland ebenso verfahren wie in der bosnischen Krise und haben sich geirrt."* In der Bosnischen Krise 1908 war Russland letztendlich unter der Kriegsgefahr eingeknickt. Aber damals war Russland nach der katastrophalen Niederlage gegen Japan militärisch noch nicht wieder hergestellt. Das sah 1914 anders aus und nun herrschte Krieg, der zuerst in den Hauptstädten Europas frenetisch begrüßt wurde:

> *"Wie hätte der Künstler, der Soldat im Künstler nicht Gott loben sollen für den Zusammenbruch einer Friedenswelt, die er so satt, so überaus satt hatte! Krieg! Es war die Reinigung, Befreiung, was wir empfanden, und eine ungeheure Hoffnung."*
> *Thomas Mann, August 1914*

Die anfängliche Kriegsbegeisterung schwand jedoch schnell, als Soldaten zu Hunderttausenden im Maschinengewehrfeuer fielen oder von Artilleriegranaten zerfetzt wurden, ohne den Feind überhaupt zu Gesicht zu bekommen. Der vermeintliche heroische Krieg hatte sich in ein industrielles Gemetzel verwandelt.

Exkurs: Der moderne Krieg

Um das kalkulierbare Risiko, mit dem das Kaiserreich in der Juli-Krise jonglierte, im Kontext der damaligen Erfahrungswelt zu bewerten, sollte man sich die Länge und Verluste der Einigungskriege ansehen:

- Deutsch-Dänischer Krieg / 272 Tage / ca. 7.800 Tote

- Preußisch-Österreichischer Krieg / 70 Tage / ca. 90.000 Tote
- Deutsch-Französischer Krieg / 295 Tage / ca. 184.000 Tote

Diese Kriege wurden als Feldzüge geplant und mit ein/zwei Schlachten entschieden. Dementsprechend sah der Schlieffenplan vor, Frankreich in nur wenigen Wochen zu besiegen und dann den Krieg im Osten zu entscheiden. Kaum jemand konnte damals vorhersehen, was für ein langwieriger und verlustreicher Krieg bevorstand. Bis dahin wurden lediglich begrenzte Kabinettskriege ausgefochten. Ein totalitärer Krieg unter Einsatz sämtlicher Ressourcen einer Nation war unbekannt.

Von Moltke der Ältere warnte jedoch in seiner Rede vom 14. Mai 1890: *Die Zeit der Kabinettskriege liegt hinter uns — wir haben jetzt nur noch den Volkskrieg.*" Ein Krieg würde nicht mehr in wenigen Feldzügen entschieden, sondern könne sich zu einem langjährigen Krieg hinziehen, bis eine Partei völlig ermattet ist. Er sollte Recht behalten.

> *"Meine Herren, es kann ein siebenjähriger,*
> *es kann ein dreißigjähriger Krieg werden –*
> *und wehe dem, der zuerst die Lunte in das*
> *Pulverfaß schleudert!"*
> *Helmuth von Moltke, 14. Mai 1890*

Des Weiteren veränderten die ersten Maschinengewehre ab 1885 sowie eine moderne Artillerie das Gesicht des Krieges. Jeglicher "Vorwärts-Epos" starb im industriellen Gemetzel. Sämtliche Offensiven im Jahr 1914 scheiterten. Ob Frankreich in Lothringen, Russland in Ostpreußen, Österreich in Serbien oder das Deutsche Reich in Belgien. Beim Stand

Der damaligen Kriegstechnik war die Verteidigung dem Angriff überlegen. Dies gab dem 1. Weltkrieg den bedrückenden Charakter eines Erschöpfungskriegs.

Lediglich die englische Nation stellte sich auf einen langen Krieg ein. Seit 1906 wurden Pläne für eine Seeblockade Deutschlands ausgearbeitet. So sollte das Kaiserreich, das abhängig von Rohstoffimporten war, ermattet werden. Darüber hinaus würde man nachhaltig die in den letzten Jahren stark gewachsene deutsche Wirtschaft lähmen - und somit selbst wieder an die Spitze der Exportnationen aufsteigen können.

Kriegsspiel

Als Österreich-Ungarn den Serben den Krieg erklärte, obwohl Belgrad die meisten Bedingungen des Ultimatums angenommen hatte, fing die Lunte am Balkan-Pulverfass Feuer. Bis dahin war es ein regional begrenzter Konflikt. Als Russland jedoch mobil machte, um panslawistisch seinen serbischen Brüdern beizuspringen, wurde die Lunte schlagartig ein gutes Stück kürzer. Als daraufhin - nach Verweigerung der Rücknahme der Mobilmachung - das Deutsche Reich dem Russischen Reich den Krieg erklärte, explodierte das Pulverfass. Der Mobilisierungsprozess ist ein Mechanismus. Einmal in Gang, ist er, wie eine Fahrt aufnehmende Lokomotive, schwer zu bremsen. Wenn nur die Gegenseite mobilisiert, gewinnt sie einen wertvollen - wenn nicht sogar kriegsentscheidenden - Zeitvorteil. Denn die mobilisierte Armee des Gegners könnte ungehindert in das eigene Territorium einmarschieren. Deshalb muss man selbst mobilisieren, und zwar möglichst schnell, um dieser Gefahr entgegentreten zu können. Somit brachte die Mobilisierung Russlands Deutschland unter Zugzwang.

Wenn die Hunde des Krieges von der Leine gelassen werden, kommt eine Dynamik in Gang, die kein Stratege vorhersehen kann. Clausewitz nennt dies "Friktionen" - unvorhersehbare Ereignisse. Sinnvoll auf diese Friktionen zu reagieren, macht einen guten Strategen aus. Der deutsche Generalstab beharrte auf der Ausführung des Schlieffenplans. Obwohl der Krieg im Osten mit Russland ausgebrochen war, sollten die deutschen Armeen im Westen gegen Frankreich aufmarschieren.

Sogar der Kaiser, bisher wahrlich keine große Hilfe in der Krise, befiehlt dem Militärchef von Moltke, er solle gefälligst seine Aufmarschpläne ändern, um nicht unnötigerweise Frankreich oder gar England zu provozieren. Das deutsche Militär hatte aber im August 1914 nur einen einzigen Aufmarschplan in der Schublade - den Schlieffenplan, der zuerst einen Angriff auf Frankreich vorsieht. Der alternative Ost-Aufmarschplan, ursprünglich von seinem Onkel, Helmuth von Moltke (der Ältere) konzipiert, wurde im Frühjahr 1913 von seinem Neffen von Moltke (der Jüngere) aus dem Programm genommen. Entweder man marschiert im Westen auf oder es herrscht Chaos, da sonst Truppen ohne Verpflegung und Munition dastehen würden. *„Das geht nicht"* ist daher von Moltkes Antwort. Der Kaiser gibt nach und von Moltke führt den Schlieffenplan aus.

Russland war mit Frankreich verbündet, welches mit der Entente Continental ein Bündnis mit England hatte. Dies war kein Geheimnis, weshalb sich das Deutsche Reich der Neutralität Frankreichs in seinem Konflikt mit Russland versichern wollte. Jedoch war die Art und Weise der Anfrage sehr brüsk. Es stellte ein Ultimatum an Frankreich, das innerhalb von 18 Stunden zu beantworten sei. Bei Wahrung der Neutralität sollten als Garantie die beiden Festungen Verdun und Toul von deutschen Truppen besetzt werden, solange der Konflikt mit Russland anhielt.

Die Antwort der Franzosen war diplomatisch: *"Man werde in den Interessen der Nation handeln"*, woraufhin das Deutsche Reich Frankreich den Krieg erklärte.

Als von Moltkes *"Das geht nicht"* nach dem Krieg publik wurde, war der damalige Chef der Eisenbahn, General von Staab, so empört, dass er ein Buch verfasste, um das Gegenteil zu beweisen. Ausführlich schilderte er mit Diagrammen und Karten, dass bei entsprechender Benachrichtigung am 1. August bis zum 15. August vier der sieben Armeen in den Osten und drei zur Verteidigung nach Westen gebracht hätten werden können.[5]

Somit war es primär von Moltkes Weigerung, die den Aufmarsch im Osten in letzter Minute doch noch verhinderte. Ob es nun daran lag, dass er unbedingt den Schlieffenplan umsetzen wollte, an dem so viele lange Jahre gearbeitet wurde oder ob es an einem schwachen Nervenkostüm lag, das der melancholisch veranlagte von Moltke besaß, bleibt offen. Der Schlieffenplan war das Mantra des Deutschen Heeres. Ein weiserer Kaiser als militärischer Oberbefehlshaber hätte eine solche Obsession nicht zugelassen und auch andere außenpolitische Konstellationen beachtet. Wilhelm II. war jedoch kein weiser Kaiser.

Sebastian Haffner bezeichnet die Konzentration auf nur einen einzigen Aufmarschplan im Westen - unabhängig von der tatsächlichen Krisenlage - als *"...das eigentliche Pflichtversäumnis, ja, das Verbrechen des deutschen Generalstabs."* [6] Darüber hinaus verteilte das Deutsche Kaiserreich großzügig Kriegserklärungen, währenddessen Frankreich peinlich darauf bedacht ist, auf keinen Fall als erste Nation einen

---

[5] Tuchmann, Barbara: August 1914. S. 85 ff.
[6] Haffner, Sebastian: Von Bismarck zu Hitler, S.120

Schuss abzugeben oder eine Grenze zu überschreiten. Zu diesem Zweck werden noch Ende Juli die französischen Truppen um 10 Kilometer von der Grenze zurückgezogen. Frankreich wusste, dass es nur auf den Beistand England hoffen konnte, wenn die Aggression eindeutig vom Deutschen Reich ausging. Das war noch eine schmerzliche Erfahrung aus dem Deutsch-Französischem Krieg von 1870.

Außerdem war Italien als Mitglied des Dreibunds mit Deutschland und Österreich-Ungarn nur bei einem defensiven Krieg zur Bündnistreue verpflichtet - weshalb es nicht nur neutral blieb, sondern auch später auf der Seite der Entente in den Krieg eintreten sollte. Die Unbedachtheit des Kaiserreichs in der Juli-Krise lässt sich nicht nur mit Unreife und Hochmut erklären, sondern auch mit der Dominanz des preußischen Militärs über der Politik.
Selbst Großadmiral von Tirpitz beklagte sich in den Beratungen am 1. und 2. August, wozu die Kriegserklärungen an Russland und Frankreich nötig wären, da sie doch einen *"aggressiven Beigeschmack"* hätten. Er wiederholte die Warnung aus London, was die Verletzung der belgischen Neutralität betraf und schlug vor, den Einmarsch nach Belgien aufzuschieben, was Moltke erschrocken als *"ausgeschlossen"* zurückwies.[7]

Obwohl es ausreichend Hinweise auf einen Kriegseintritt Großbritanniens gab, wurden sie vom Kaiser und seiner Clique von Beratern schlichtweg ignoriert.

---

[7] Tuchmann, Barbara. August 1914. S. 122

Von Moltke hingegen rechnete fest mit einem Kriegseintritt Englands, sobald die belgische Grenze überschritten wäre, wie er 1913 in einem Memorandum festhielt. Niemals würde es England erlauben, dass die belgische Kanalküsten mit ihren Häfen in deutsche Hand fielen. Darüber hinaus gehörte das Verhindern des Entstehens einer kontinentalen Macht zu den Grundpfeilern der britischen Außenpolitik.

Frankreich wäre wahrscheinlich auch ohne deutsche Kriegserklärung in den Krieg eingetreten. Immerhin hat der französischer Ministerpräsident Poincaré auf eine Revanche zugearbeitet und es bestand ein Bündnis mit Russland. Aber die Französische Republik hätte erstmal dem Deutschen Reich den Krieg erklären müssen, was in einer Republik systembedingt länger dauert als in einer Monarchie. Frankreich wäre selbst als Aggressor aufgetreten, was den Kriegseintritt Englands unwahrscheinlicher bzw. schwieriger gemacht hätte - auch weil die belgische Neutralität nicht verletzt worden wäre. In der Zwischenzeit hätte das Deutsche Reich im Osten eine Entscheidung erzwingen können.

Es kam aber anders und die Deutschen Armeen marschierten in Luxemburg und Belgien ein: Zwar fragen die deutschen Diplomaten noch höflich in Belgien an, ob die deutschen Armeen mal kurz durchdürften. Als aber verneint wird, tun sie es trotzdem. Die Belgier wehren sich und der Schlieffenplan verzögert sich. Die Deutschen Militärs sind sauer und lassen ihren Frust an belgischen Zivilisten aus. Das gibt schlechte Presse sowie eine Kriegserklärung aus Großbritannien, der damaligen See- und Weltmacht. Jetzt ist nicht nur irgendwo auf dem Balkan ein Pulverfass explodiert, sondern über Europa ging das Licht aus - bis 1945.[8]

---

[8] Vgl. Zitat von Edward Grey. https://de.wikiquote.org/wiki/Edward_Grey. (22.02.22)

Alleinige Schuld des Deutschen Reiches?

Bisher wurde der große Anteil des Deutschen Reiches am Ausbruch des 1. Weltkriegs beleuchtet. Aber auch andere Nationen haben ihren Beitrag geleistet:

Die 3. Französische Republik

Frankreich hatte insbesondere unter dem Ministerpräsidenten Poincaré (der 1870 als gebürtiger Lothringer im Alter von zehn Jahren vor der preußischen Armee geflohen war) auf eine Revanche zugearbeitet. Poincaré wusste, dass Frankreich nur gegen das Deutsche Reich bestehen konnte, wenn das Deutsche Heer einen Zwei- Fronten Krieg kämpfen muss. Auf dem Balkan bot sich sogar eine dritte Front an, die zwischen Deutschlands Verbündeten Österreich-Ungarn und Serbien verlaufen würden. Serbien wurde daher durch französische Kredite subventioniert, ebenso wie Russland, das seit 1894 mit Frankreich verbündet war. Die Kredite an Serbien und Russland strapazierten den französischen Haushalt so sehr, dass sich am Vorabend des Krieges ein Schuldenberg von 1.3 Milliarden Franc angehäuft hatte. In der französischen Öffentlichkeit spielte Elsass-Lothringen am Vorabend des Krieges keine große Rolle mehr. Die französische Staatsräson wollte jedoch auf ihre Revanche nicht verzichten. Politiker wie Joseph Caillaux, die eine Aussöhnung mit Deutschland suchten, wurden diffamiert. Das Ziel war, Elsass-Lothringen wieder an Frankreich einzugliedern - auch wenn dafür ein Krieg notwendig war. Frankreich konnte jedoch als Demokratie - die auf die Meinung der Öffentlichkeit Wert legen muss - nicht den Krieg beginnen. Diese Rolle fiel dem zaristischen Russland zu, das als Monarchie einen Krieg leichter legitimieren konnte.

Frankreich sicherte hierbei Russland den uneingeschränkten Beistand zu - ähnlich einer Carte Blanche. Entsprechend hat Frankreich die russische Mobilmachung vom 31. Juli 1914 begrüßt. Laut des französische Schriftsteller Alfred Fabre-Luce[8] glaubte Poincaré an die "*unausweichliche Notwendigkeit des Kriegs*" und er beschuldigte ihn, an dem Ausbruch des 1. Weltkriegs mitverantwortlich zu sein.

Der Gegensatz des deutschen Imperialismus und des französischen Revanchismus trieb beide Nationen auf einen militärischen Konflikt zu.

Das Zarenreich

Russland verblieb nach der Blamage im Krieg gegen Japan von 1905 nur der Balkan als die einzige Region, in der es expandieren bzw. einen diplomatischen Erfolg erzielen konnte. Und einen Erfolg hatte der Zar zur Stabilisierung seines Regimes bitter nötig. Die Revolution von 1905 hatte gezeigt, auf welchen wackeligen Beinen die Monarchie stand und wie stark die liberalen Kräfte mittlerweile in Russland waren. Somit konnte der Zar die Serben nicht fallen lassen, insofern er weiterhin auf dem Thron bleiben wollte. Im Kontext der expansiven Ambitionen des Zarenreichs waren die Forderung nach Freiheit der südslawischen Brüder jedoch nur vorgeschoben. Ziel war es, die Kontrolle über den Bosporus und somit den Zugang zum Mittelmeer zu erhalten. Hierbei war eine Destabilisierung des Balkans hilfreich. Eine Zergliederung des Osmanischen Reiches bot Russland den Anreiz, seinen Marsch auf Konstantinopel bzw. Istanbul wieder aufzunehmen. Da jedoch die Türkei vom Deutschen Reich unterstützt wurde, bot die Allianz mit Frankreich die

---

[8] Fabre-Luce. La Victoire. 1924. S.132

Möglichkeit, die militärische Kraft Deutschlands einzuschränken. Warum war für Russland der Bosporus so wichtig? Moskau begriff sich als das "dritte Rom" und wollte das zweite Rom - Konstantinopel - erobern, um in der Hagia Sophia wieder eine orthodoxe Messe lesen lassen zu können. Bis zu seiner Eroberung durch die Osmanen im Jahre 1453 war Konstantinopel als ehemalige Hauptstadt des byzantinischen bzw. oströmischen Reiches zugleich der Hauptsitz der orthodoxen Kirche. Neben diesen religiösen Motiven gab es auch weltliche bzw. wirtschaftliche Gründe: Ungefähr die Hälfte der russischen Exporte und nahezu 90% der Getreideexporte wurden über das Schwarze Meer und den Bosporus abgewickelt. Die Meerenge der Dardanellen war somit für Russland das Nadelöhr zu den Weltmärkten. Als die Türkei im Krieg gegen Italien die Meerenge 1912 schoss, brach die russische Wirtschaft um ein Drittel ein. Die ukrainische Schwerindustrie kam sogar komplett zum Erliegen.

Deshalb reagierte Russland besonders delikat, als ein deutscher Offizier Anfang 1914 in Istanbul im Zuge einer Militärmission das Kommando übernahm, um die osmanischen Truppen zu reorganisieren. Es war ein Tiefpunkt der deutsch-russische Beziehungen. Der russische Außenminister Sasonow verwies unmissverständlich darauf, dass Russland seine Interessen massiv verletzt sehe und zu deren Verteidigung notfalls auch zu den Waffen greife werde. Die deutsche Regierung ruderte zurück, überrascht von der Heftigkeit der russischen Reaktion. Somit besaßen die Dardanellen für Russland einen ähnlich hohen strategischen Wert wie der Suezkanal für England. Das Zarenreich würde jedes Bündnis eingehen, das ihm einen Zugang zu dieser Meerenge versprach - so wie es Frankreich tat.

Vor der deutschen Reichsgründung war Russland der traditionelle Freund Preußens, weshalb es auch in den Einigungskriegen Preußen den Rücken freihielt. Dafür hatte es auch eine Art Gegenleistung erwartet, die ihm allerdings im Berliner Kongress 1878 von Bismarck verwehrt worden war. Anstatt dem russischen Zaren den Bosporus zuzusprechen, nahm Bismarck gemäß seiner Entspannungsdiplomatie die Rolle des neutralen und ehrlichen Vermittlers ein. Damals wurde die Chance vertan, eine enge und nachhaltige Bindung zu Russland aufzubauen. Man hätte es sich zwar eventuell mit England verscherzt, aber Russland spielte geographisch für das Deutsche Reich eine viel wichtigere Rolle. Bei einem dauerhaften russisch-deutschen Bündnis hätte es zu keiner "Einkreisung" kommen können.

Am Vorabend des Krieges hatte Russland 4 Milliarden Rubel Auslandsschulden. Die Gläubiger waren zu 94% Frankreich und England. Bei einem Besuch in St. Petersburg im Juli 1914 unterstrich der französischen Präsidenten Poincaré eine *„feierliche Bestätigung der Verpflichtungen, die aus dem Bündnis* für beide Länder hervorgingen."[9]

Russlands Mobilmachung am 30.07.14 um 16h war ein gravierender Schritt zum Weltkrieg, da es die erste Mobilmachung während der Krise war. Bis dahin handelte es sich um einen lokalen Konflikt zwischen Serbien und Österreich-Ungarn. Russland mobilisierte 20 Stunden vor der Mobilmachung in Österreich sowie 48 Stunden vor der Mobilmachung in Deutschland.

---

[9]   Vgl. Sean McMeekin. The Russian Origins of the First World War. S. 85

Die Kaiser und König Monarchie (KuK)

Österreich-Ungarn war in Zeiten der Nationalstaaten als feudaler Vielvölkerstaat ein Anachronismus. Nach der Niederlage gegen Preußen von 1866 war Kaiser Franz gezwungen, seinen slawischen Untertanen Zugeständnisse zu machen. Im Österreichisch-Ungarischen Ausgleich von 1867 wurde aus den zentral regierten Kaisertum Österreich die dezentrale Doppelmonarchie Österreich-Ungarn. Beiden Hälften des Reiches (Österreich und Ungarn) konnten sich selten auf eine politische Linie einigen. Dies erschwerte die militärische Aufrüstung und verlangsamte die Modernisierung des Landes. Österreich-Ungar hinkte zunehmend der Entwicklung der anderen europäischen Mächte hinterher. Ungarns Sonderstellung sorgte außerdem für Unzufriedenheit bei den anderen Minderheiten. Die slawischen Untertanen riefen immer lauter nach Gleichstellung und Autonomie.

Schon vor 1867 hatten die absolutistisch regierenden Habsburger die industrielle Entwicklung Österreichs aus Angst vor revolutionären Ideen blockiert. Aufgrund dieser Antiquiertheit wurde Wien von den anderen Großmächten nicht für voll genommen - gleich einem Greis, dessen beste Tage lange vorbei waren und dem man höchstens höflichen Respekt zollt. Eben diesen Respekt verweigerte die junge Nation der Serben ihrem großen Nachbarn. Um Europa zu zeigen, dass man mit der KuK Monarchie noch rechnen muss, wollte man Serbien eine Lektion erteilen. Dabei unterschätzte Österreich-Ungarn völlig seine militärischen Möglichkeiten. In Wien fühlte man sich noch als die Großmacht, die einst als europäisches Bollwerk gegen die Türken bekannt gewesen war und trat während der Juli-Krise entsprechend borniert auf.

Der ermordete österreichische Thronfolger Franz Ferdinand war nicht sonderlich beliebt. Er war zwar mit Tatendrang gesegnet, hatte jedoch ein jähzorniges Naturell. Die slawischen Autonomiebestrebungen wollte er als Kaiser von Österreich und König von Ungarn durch einen Ausgleich besänftigen - zum Nachteil Ungarns, das auf seine Sonderstellung verzichten sollte, indem alle slawischen Völker das gleiche Mitspracherecht erhalten würden. Daher wurde in der ungarischen Hauptstadt Budapest die Nachricht seines Todes mit latentem Wohlwollen aufgenommen.

In der Juli-Krise verpatzte die KuK Monarchie komplett das Timing. Zum einen wurde das Momentum einer schnellen Strafaktion gegen Serbien nicht genutzt, zum anderen brauchte Wien dann über zwei Wochen, um ein Ultimatum zu formulieren. Obwohl Serbien die Forderungen weitestgehend angenommen hatte, erfolgte dennoch die Kriegserklärung. Nach dem Blankoscheck aus Berlin trat Österreich-Ungarn mit geschwellter Brust auf und steuerte zielstrebig auf den Krieg zu, ohne sich weiter mit dem Deutschen Reich über das Vorgehen abzustimmen. Entweder würde die KuK Monarchie dank eines siegreichen Krieges wie ein Phönix aus Asche auferstehen oder eben vergehen - das war die pathetische Formel der Kriegspartei in Wien.

Königreich Serbien

Serbien war ein kleiner, stolzer Staat mit großen Ambitionen. Die KuK Monarchie annektierte 1908 Bosnien-Herzegowina - eine verarmte, ehemalige osmanischen Provinz - und blockierte somit Serbien den angestrebten Zugang zur Adria.

In Bosnien lebte zu dieser Zeit eine Minderheit von ca. 800.000 Serben, weshalb Belgrad in Bosnien einen Teil des Groß-Serbischen Reiches sah. Ohne allerdings die dort lebenden Kroaten und Muslime zu fragen, die sich als Teil Österreichs-Ungarns wohler fühlten. Seit den Balkankriegen, in denen Serbien große Gebietsgewinne zugefallen waren, war bekannt, dass die Serben mit Minderheiten ziemlich brüsk umgingen.

Serbien brauchte für seine weitere wirtschaftliche Entwicklung einen Seehafen, was Österreich-Ungarn zu verhindern suchte. Die Folge war eine anti-österreichische Politik in Belgrad sowie französische Kredite, mit denen das serbische Militär aufgerüstet wurde. Auch dank dieser Aufrüstung konnte Serbien beide Balkankriege siegreich für sich entscheiden. Es sah sich dennoch durch die Dominanz Österreich-Ungarns auf dem Balkan in seiner Entfaltung behindert, was sich in der aus Wien forcierten Gründung Albaniens bewahrheitete. Erneut wurde dem jungen Serbien ein Zugang zur Adria verwehrt. Eine Clique serbischer Offiziere unter der Führung von Dragutin Dimitrijević organisierte sich in dem radikalen nationalen Geheimbund "Schwarze Hand" mit dem Ziel, Österreich-Ungarn zu destabilisieren, was in dem Attentat von Sarajevo mündete.

Great Britain

England war mit seinem britischen Empire eine koloniale Weltmacht. Die rohstoffreichsten Gebiete dieser Welt gehörten zum britischen Empire. Mit seiner Politik der „Balance of Power" achtete England sehr genau darauf, dass keine andere Nation ihre Vormachtstellungen in Frage stellen konnte.

Mit Russland gab es Differenzen wegen Afghanistan (The Great Game) und mit Frankreich wegen des Nildeltas - aber beide Streitpunkte wurden diplomatisch geklärt. Die Flottenaufrüstung und die enorm gestiegene Wirtschaftskraft des Deutschen Reiches wurden jedoch argwöhnisch beobachtet. Es war offenkundig, dass sich die massive Aufrüstung der deutschen Flotte primär gegen die englische Vormacht zur See richtete. Die vom Deutschen Reich finanzierte Bagdad-Bahn verfolgte den Zweck, mit einer direkten Landverbindung zu den Erdölquellen im Nahen Osten, die englische Seeherrschaft zu umgehen. London sah in Berlin einen stetig wachsenden wirtschaftlichen Konkurrenten.

Im Jahr 1913 hatte Deutschland mit 14,8% an der Weltindustrieproduktion Großbritannien (13,6%) überholt und lag hinter den USA (32%) auf dem zweiten Platz. Sollte sich eine Gelegenheit bieten, dieser Entwicklung entgegenzuwirken, würde man diese in London gemäß der Balance of Power Strategie dankend am Schopf packen.

König Edward VII. fragte seinen Premierminister acht Jahre vor dem Kriegsausbruch, warum die britische Regierung zunehmend eine Stellung gegen das Deutsche Reich (und seinen Neffen Wilhelm II.) einnahm, statt eher ein Auge auf die wachsende Wirtschafts-Dominanz der USA zu werfen. Der Premierminister beauftragte das Foreign Office eine Denkschrift zu dieser Frage zu verfassen, welche der vermeintliche Deutschland-Experte Eyre Crowe dem König am Neujahrstag 1907 überreichte. Die zentrale Frage war, ob die Rivalität zwischen England und dem Deutschen Reich eher von dessen "Verhalten" oder aber seiner "Kapazität" herrührt. Crowe beurteilte die Entstehung des Deutschen Reiches als eine mit "Blut und Eisen" erzwungene, statt gewachsene Expansion, die vermeintlich noch nicht abgeschlossen sei.

Das Ziel sei Weltmacht, womit Deutschland in direkter Konkurrenz zum britischen Weltreich stünde. Aufgrund seiner "Kapazität" sei Deutschland ein ernstzunehmender Rivale. Die deutsche Wirtschaft wächst schneller als die Englische und es hat nicht nur die Fähigkeit, die stärkste Armee auf den Kontinent aufzustellen, sondern auch früher oder später eine größere Flotte als England auszurüsten.

> *"...nun und in Zukunft hieße der einzige potente Gegner Englands Deutschland. Die Deutschen strebten mit Konsequenz und Energie nach der Vorherrschaft in Europa. Sie werden zum Schluß Großbritannien zerbrechen, um sich an seinen Platz zu schieben."*
> *Eyre Crowe, Memorandum, 01.01.1907*

Hätte das Deutsche Reich den Krieg gewonnen, wäre die französische Flotte ausgeschaltet und die belgische Ärmelküste vermutlich in deutscher Hand gewesen. Dies war ein Schreckensszenario für London. Allein deshalb war es für England opportun, an der Seite Frankreichs in den Krieg einzutreten. Deshalb kam England die Verletzung der belgischen Neutralität ganz recht. Frances Stevenson, damals die Privatsekretärin von Lloyd George, hat später geschrieben: *„Man hatte mit dem Leid der Belgier einen »von Gott gesandten Vorwand« für eine Kriegserklärung."*
Der Cambridge Professor Niall Ferguson beurteilt in seinem Buch "Der falsche Krieg" die britische Kriegserklärung an Deutschland als einen Höhepunkt an Torheit und Kurzsichtigkeit, sowie als schlimmsten Fehler des Jahrhunderts. England dachte, das Deutsche Reich würde zügig gegen die Übermacht der Entente zusammenbrechen. Am Ende musste England aber mehr in den Krieg investieren,

als es eigentlich wollte und konnte. Unter der Last begann das Empire zu bröckeln. England sah sich gezwungen, Kredite bei den USA aufzunehmen. Der Krieg sollte Englands Status als Weltmacht festigen, stattdessen hat er dessen Verfall eingeleitet.

United States of America

Die **USA** lehnte 1914 eine Einmischung in den 1. Weltkrieg entschieden ab und verfolgte eine "isolationistische" Außenpolitik. Dennoch wurden die Kriegsparteien England und Frankreich von den USA mit Krediten und Kriegsmaterial unterstützt. Scheinbar wollte man sich trotz der selbst gewählten Isolation das Geschäft nicht entgehen lassen. Im Verlauf des Krieges verdreifachte sich das Exportvolumen der USA. Das Volumen der Kredite betrug ca. 4 Milliarden US-Dollar und dass man dieses Geld schwerlich wiedersehen würden, wenn die Mittelmächte den Krieg gewinnen würden, war naheliegend. Obwohl also die Stimmung in den USA gegen einen Kriegseintritt war, sprachen die ökonomischen Parameter dafür.

Am 7. Mai 1915 versenkte ein deutsches U-Boot das englische Passagierschiff Lusitania. Dabei starben 128 US-Bürger. Das Ereignis war ein Schock für die amerikanische Öffentlichkeit und die US-Regierung drohten mit einem Kriegseintritt, woraufhin das Deutsche Reich einlenkte und den uneingeschränkten U-Boots Krieg (vorerst) einstellte.

Der Vollständigkeit halber sei erwähnt, dass Taucher im Jahr 2008 in dem Wrack des Passagierschiffs ca. vier Millionen Gewehrpatronen vom Kaliber ".303 British Lee-Enfield" des US-Herstellers Remington Arms fanden. Damit wird die Versenkung nicht im Nachhinein legitimiert. Vielmehr wird dadurch hervorgehoben, wie unschaft damals die Grenzen zwischen ziviler und militärischer Schifffahrt waren.

Im Osteraufstand von 1916 rebellierten die Iren gegen die englische Herrschaft. Der Aufstand wurde zwar schnell niedergeschlagen, aber er zeigte eine wachsende Kriegsmüdigkeit auf Seiten der Alliierten.

Als 1917 französische Soldaten meuterten, deutsche U-Boote die Versorgung Englands gefährdeten und das zaristische Russland zusammenbrach, mussten die USA handeln, insofern ein Sieg der Mittelmächte verhindert werden sollte. Die Wiederaufnahme des uneingeschränkten U-Boot-Kriegs im Februar 1917 war der Anlass für die USA, dem Deutschen Reich den Krieg zu erklären. Eine Anti-deutsche Propaganda in den USA half, die isolationistischen Haltung der US-Bürger aufzuweichen.

Der Boom der US-Wirtschaft in Kriegszeiten war wie ein Rausch, für dessen Kosten andere aufkamen. Die Nachfrage nach Kriegsmitteln sorgte für einen enormen Produktionsanstieg und hob die US-Wirtschaft in neue Sphären. Zugleich beschleunigte das massive wirtschaftliche Wachstum die Entwicklung der USA zur Großmacht. Kein anderer Staat profitierte so sehr vom 1. Weltkrieg wie die USA.

Die Schuldfrage

Jede dieser Nationen hatte geostrategische (Frankreich mit Elsass-Lothringen, Russland mit dem Bosporus, Serbien mit der Adria) oder wirtschaftliche (England, USA) Gründe für diesen Krieg. Das Deutsche Reich war zwar territorial saturiert, hatte aber wie keine andere Nation mit seiner Politik des kalkulierten Risikos so nah an der Lunte mit dem Feuer gespielt. Grund hierfür war die Sackgasse, in die sich das Deutschen Reich mit seinem Hochmut manövriert hatte.

Die Kriegsschuldfrage kann dennoch nicht einer Nation allein angelastet werden. Deutschland hätte allerdings mit einer Fortsetzung der "Friedensdiplomatie" Bismarcks den Großen Krieg unwahrscheinlicher machen können. Stattdessen machte das Deutsche Kaiserreich mit seiner Kriegserklärung an Russland und Frankreich sowie dem Einmarsch ins neutrale Belgien aus dem regionalen Balkankonflikt einen Weltkrieg.

Epilog 1. Kapitel

Der Historiker David Calleo hat gesagt: "Das Deutsche Reich wurde eingekreist geboren". Es konnte sich nicht, wie die anderen imperialen Großmächte, in irgendeine Richtung ausdehnen. Zugleich war es mit der Reichsgründung saturiert. Bismarck hatte gezeigt, wie sinnvoll es ist, außenpolitisch dezent aufzutreten, um einen Krieg zu vermeiden, in dem man *"nichts gewinnen, aber alles verlieren kann."*
Der nördlichste Ort des Deutschen Reichs hieß Nimmersatt und ein Schülerreim lautete: *„Nimmersatt, wo das Reich sein Ende hat."* Dieser Reim passte hervorragend zu der "Friedens-diplomatie" Bismarcks, die Bedeutung des Ortsnamens jedoch symbolisiert treffend die "Weltpolitik" des jungen Kaisers - Wilhelm II.
Zu beachten ist, dass in der Ära nach Bismarck die Wirtschaft des Deutschen Reiches rapide wuchs. Somit sorgte die Dynamik einer starken Volkswirtschaft und eines politisch mächtigen und vermeintlich schlagfertigen Militärs dafür, dass die deutschen Eliten anfingen, große Ambitionen zu entwickeln. Der deutsche Zeitgeist entfernte sich immer weiter von der diplomatischen Zurückhaltung der Ära Bismarcks und wurde hochmütig.

72

Das Volkseinkommen im Deutschen Reich stieg von 14 Millionen Mark im Jahr 1870 auf 48 Millionen in 1912. Deutschland erlebte sein erstes Wirtschaftswunder und war vermeintlich unaufhaltsam auf seinem Weg zu einer militärisch hochgerüsteten Wirtschaftsmacht. Dies wurde von den anderen Großmächten nicht unbedingt mit Applaus quittiert. In die außenpolitisch isolierte Lage hatte sich allerdings das Deutsche Reich (ohne Lotsen) selbst manövriert. Die Schüsse von Sarajevo waren der Auslöser der Krise, aber sie waren nicht der Grund für den Kriegsausbruch. Die Gleise zum 1. Weltkrieg wurden in den Jahren 1890 (Nicht- Verlängerung des Rückversicherungsvertrag mit Russland) bis 1906/07 (Flottenaufrüstung) gestellt. Beheizt wurde die Lokomotive vom französischen Revanchismus (Elsass- Lothringen) und der Dynamik auf dem Balkan. Hätte man den Zug noch rechtzeitig stoppen können? Sicherlich, aber der Bremsweg wäre lang gewesen. Im damaligen Zeitgeist stand ein kriegerischer Konflikt bereits auf dem Fahrplan. Sämtliche Großmächte waren hochgerüstet und wer sich ein Gewehr kauft, der möchte es auch mal abfeuern. Die Länge des Kriegs, die immensen Verluste auf allen Seiten und schlussendlich der "ungerechte" Frieden von Versailles vergiftete das Klima in Europa nachhaltig. Der Frieden von Versailles war somit lediglich ein Waffenstillstand für zwanzig Jahre und ermöglichte den Nationalsozialisten den Aufstieg - doch dazu später mehr.

Keine Nation ist ein Individuum und kann daher eine kollektive Schuld auf sich nehmen. Entscheidungsträger jedoch schon. Somit tragen Wilhelm II, Poincaré, Conrad von Hotzendorf, Apis mit seinen serbischen Ultras und der russische Zar, der immerhin als erster die allgemeine Mobilmachung ausrief, eine Schuld am Ausbruch des Kriegs.

- 1872 Annexion Elsass-Lothringen satt Kolonien von Frankreich als Kompensation anzunehmen.
- Berliner Kongress von 1878. Statt sich hinter Russland und seiner Forderung nach dem Bosporus zu stellen, stärkt man die Position von Österreich-Ungarn. Ein Ausgleich mit Russland wäre langfristig viel sinnvoller gewesen.
- Früher Tod Friedrich III. bzw. lange Regentschaft des greisen Wilhelm. Im Dreikaiserjahr von 1888 wird der junge und unerfahrene Wilhelm II. Kaiser.
- Die Nicht-Verlängerung der Rückversicherung mit Russland 1890 führt zu einem Bündnis zwischen Frankreich und Russland.
- Abkehr von der Kontinentalpolitik Bismarcks und Hinwendung zu einer wilhelminischen Weltpolitik (Platz an der Sonne) der freien Hand (ohne Verpflichtungen einer anderen Großmacht gegenüber bzw. ohne Bündnisse).
- Flottenwettrüsten mit England führt zum Bündnis zwischen England und Frankreich.
- Politik des „kalkulierten" Risikos, um die „Einkreisung" durch die Entent zu sprengen.
- Blanko-Scheck an Österreich und somit Bindung an die antiquierte KuK-Monarchie und ihre Probleme auf dem Balkan.
- Das militärische Diktat des Schlieffenplans als einzig möglicher Aufmarschplan im Westen und die daraus resultierende Verletzung der Neutralität Belgiens.

2. Akt - Der ungerechte Krieg
1914 - 1918

Das Deutsche Kaiserreich fühlte sich als militärische Hege-
monialmacht Europas. Es besaß eine große und moderne
Armee, die in der deutschen Gesellschaft ein hohes Ansehen
genoss. Die Einigungskriege hatten die Schlagkraft des preu-
ßisch-deutschen Militärs unter Beweis gestellt und man
fühlte sich dem russisch-französischen Zweibund gewachsen.
Dies war der deutsche Zeitgeist beim Kriegsausbruch im
August 1914.
Der Große Krieg sollte ähnlich eines "Kabinettskrieg" nach
wenigen Feldzügen abgeschlossen sein. Zum Weihnachtsfest
1914 wäre man wieder zuhause und könnte sich seiner
Heldentaten rühmen. Auftakt für den schnellen Sieg des
Deutschen Militärs war der Schlieffenplan. Frankreich sollte
innerhalb von nur wenigen Wochen mit der Masse der deutschen Truppen niedergerungen werden. In einer riesigen
Zangenbewegung über Belgien würde man die Festungen an
der Deutsch-Französischen Grenze umgehen und die französische Armee - wie 1870 in Sedan - einschließen und
aufreiben können. Danach sollten die deutschen Truppen in
den Osten verlegt werden, um dort dem russischen Zarenreich Paroli zu bieten. So einfach war der Plan.

Die tatsächliche Kriegshandlung im Westen kann in drei Phasen unterteilt werden, auf die im Nachgang jeweils kurz eingegangen werden soll. Die Kriegshandlungen im Osten werden hier nur am Rande erwähnt, da sie - obwohl für das deutsche Heer siegreich - nicht kriegsentscheidend waren.

1. 1914 - Der Schlieffenplan bis zur Schlacht an der Marne - von Moltke (der Jüngere).
2. 1916 - Die Abnutzungsschlacht in Verdun - von Falkenhayn
3. 1918 - Operation Michel - von Hindenburg und Ludendorff

1. Von Schlieffen hatte einen Plan

Helmut von Moltke (der Ältere) war bis 1888 Generalstabschef. Er wollte bei einem Zweifrontenkrieg generell defensiv bleiben und höchstens offensive Teiloperationen vornehmen, da er eine schnelle Entscheidung oder gar einen totalen Sieg für unwahrscheinlich hielt. Dies war seine Erfahrung aus dem Deutsch-Französischen Krieg, den Frankreich trotz einer nahezu totalen Niederlage bei Sedan 1870 weitergeführt hatte. Frankreich gründete nach der Schlacht von Sedan, in der auch der französische Kaiser Napoleon III. gefangen genommen wurde, eine neue Regierung und mobilisiere sämtliche nationalen Ressourcen, um den Krieg fortzusetzen. Erst nach einem zähen Guerillakrieg und der Belagerung von Paris konnte die deutsche Koalition den Krieg siegreich beenden.

Die Mobilisierung einer ganzen Nation statt nur einer Feldarmee wie in der Ära der Kabinettskriege würde, so von Moltke der Ältere, zukünftige Kriege unsäglich in die Länge ziehen. Statt einzelner Schlachten würde der Verschleiß der nationalen Ressourcen über den Ausgang des Kriegs entscheiden. Daher sah sein Plan vor, mit begrenzten Schlägen aus einer defensiven Position heraus einen Kompromissfrieden zu erreichen.

Als von Schlieffen 1891 Generalstabschef wurde, wollte er den Sieg durch schiere Überzahl erzwingen. Die Masse der deutschen Truppen sollte zuerst im Westen und dann im Osten eingesetzt werden, um eine jeweils temporäre Übermacht zu bilden. Dabei blendete er die Erfahrungen des Französischen Kriegs von 1870/71 aus, die einem schnellen Sieg an einer Front widerlegten. Da er jedoch einen Sieg versprach, war der Schlieffenplan reizvoller als die defensive Haltung seines Vorgängers Moltke des Älteren. In der Zwischenzeit hatte sich auch der deutsche Zeitgeist verändert: Aus dem saturierten Reich von 1871 mit einer defensiven Außenpolitik war ein ambitionierter Industrie- und Militärstaat geworden.

Am 1. Januar 1906 setzte Kaiser Wilhelm II. von Moltke den Jüngeren, einen Neffen des berühmten von Moltke des Älteren, als Generalstabschef ein. Er selbst soll seine Beförderung mit dem Satz kommentiert haben, ob der Kaiser glaube, "*zweimal in derselben Lotterie gewinnen*" zu können. Scheinbar war ihm bewusst, dass er seine Ernennung nur seinem Nachnamen verdankte. Dennoch bewies er bei Mobilisierungsplänen und bei Manövern seine militärische Kompetenz. Geostrategisch war er jedoch gänzlich anderer Ansicht als sein Onkel und teilte nicht dessen defensive Haltung. Er arbeitete den Präventivschlag gegen Frankreich weiter aus, verschob Divisionen vom rechten auf den linken Flügel und strich bei dieser Gelegenheit im April 1913 mit dem "Großen Ostaufmarsch-Plan" die letzte Alternative zum Schlieffenplan.

Krieg

Am 4. August 1914 erklärte das Deutsche Reich Frankreich den Krieg, nachdem Paris der Forderung nach Neutralität im Deutsch-Russischen Konflikt (der am 1. August ausgebrochen war) nicht entsprochen hatte.

Gemäß Schlieffenplan erfolgte der Aufmarsch im Westen. Vorgesehen war ein starker rechter Flügel, den von Moltke zu Gunsten des linken Flügels in Elsass-Lothringen etwas schwächte. Der Eisenbahnknotenpunkt in Luxemburg wurde direkt zu Kriegsbeginn besetzt und der Einmarsch in das neutrale Belgien hatte die Kriegserklärung Englands zur Folge, dass ein britisches Expeditionsheer nach Flandern entsandte. Nun stand das Deutsche Reich nicht nur dem russisch-französischen Zweibund gegenüber, sondern ebenfalls dem britischen Weltreich, dessen Flotte nun aus den englischen Häfen lief, um den deutschen Seehandel zu blockieren. Der Autor Holger Afflerbach erwähnt hierzu folgende Vorgeschickte:

"Der französische Generalstabschef Joseph Joffre hatte im Januar 1912 die Vorteile eines Angriffs durch Luxemburg und Belgien unterstrichen und am 9. Januar 1912 von seiner Regierung verlangt, im Kriegsfall die belgische Neutralität verletzen zu dürfen; dies war ihm aber unter Hinweis auf die Haltung Großbritanniens untersagt worden. Anders als in Deutschland siegten hier politische Erwägungen. Der französische Historiker Georges-Henri Soutou hat geurteilt, dass Frankreich den 1. Weltkrieg an diesem Januartag 1912 gewonnen habe."

Holger Afflerbach, Auf Messers Schneide: Wie das Deutsche Reich den Ersten Weltkrieg verlor.

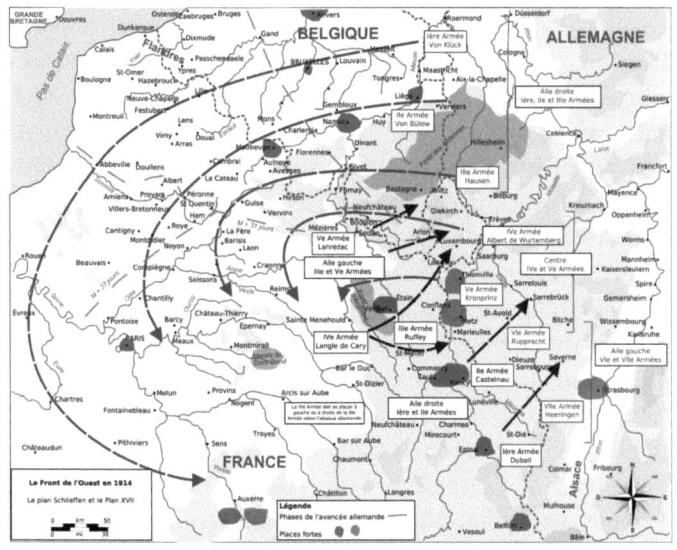

Abb. 4: Der vermeintlich geniale Schlieffen-Plan
Zoom-Ansicht auf www.makinghistory.de/map2

Der Schlieffenplan sollte nach 39 Tagen abgeschlossen sein.
Danach hatte von Moltke dem österreichischen Oberbefehlshaber Conrad von Hötzendorf deutsche Truppen zur Unterstützung versprochen. Frankreichs Plan 17 sah einen Angriff
auf Elsass-Lothringen vor, der mit Elan und starkem Willen
statt überlegener Truppen zum Erfolg geführt werden sollte.
Trotz der Warnungen des belgischen Königs Albert, dass die
deutsche Armee mit einem starken Flügel über Belgien nach
Nordfrankreich schwenken wollte, konzentrierte sich die
französische Armee auf ihre Offensive, statt eine Verteidigung im Norden zu organisieren. Nördlich sollte nur die 5.
franz. Armee und das Britische Expeditionskorps, das gerade
eingeschifft wurde, stehen. Der unerwartete Widerstand der
Belgier verlangsamte den deutschen Vormarsch.

Dennoch sah Ende August alles so aus, als ginge der deutsche Plan auf. Die vier Deutschen Armeen trieben die 5. französische Armee und die Briten vor sich her. Der Plan sah jedoch auch vor, dass die französischen Streitkräfte eingeschlossen und vernichtet würden. Da sich die Franzosen jedoch geordnet zurückzogen, konnte noch von keinem Sieg gesprochen werden, auch wenn die deutschen Truppen bereits tief in Nordfrankreich standen.

Die Verteidigung der belgischen Neutralität durch König Albert sowie die Repressalien der deutschen Militärs an Zivilisten, um den Widerstandswillen der Belgien zu brechen, gaben den Alliierten einen guten Grund, um in den Krieg zu ziehen. Für die Weltöffentlichkeit waren spätestens zu diesem Zeitpunkt die Deutschen die Aggressoren, während die Entente bzw. die Alliierten für die Freiheit der Völker kämpfte, die es auch aus dem "Völkerkerker" der Österreich-Ungarischen Monarchie zu befreien galt. Dies sollte später in Versailles bei der Zuweisung der alleinigen Kriegsschuld an Deutschland eine wichtige Rolle spielen. Der deutschen Führung fehlte 1914 der politische Weitblick, mit dem ein Bismarck die Reichsgründung von 1871 erst möglich gemacht hatte.

Der Terror gegen belgische Zivilisten war Bestandteil der deutschen Militärdoktrin, um nach Clausewitz den Krieg möglichst kurz zu halten. 1870 hatte ein Volksaufstand in Frankreich nach der Gefangennahme Napoleon III. den Krieg unnötig verlängert. Mit Terror sollte die Bevölkerung der besetzten Gebiete eingeschüchtert werden. Laut Barbara Tuchman spielte auch ein grundlegender kultureller Unterschied eine wichtige Rolle: In der deutschen Gesellschaft stand Gehorsam an oberster Stelle. Eben diesen Gehorsam erwarteten die Deutschen von den Bewohnern der besetzten Gebiete.

Dass nun belgische Zivilisten Widerstand leisteten oder gar aus dem Hinterhalt mit ihren Jagdbüchsen auf deutsche Soldaten schossen, war den Deutschen völlig unverständlich und entfesselte eine Spirale der Gewalt: Je mehr Geiseln wegen vermeintlicher Übergriffe auf die Deutschen erschossen wurden, desto stärker wurde der zivile Widerstand[10]. Von August bis Oktober 1914 wurden in Belgien 5.521 Zivilisten hingerichtet, wobei die Zerstörung der Stadt Löwen mit ihrer mittelalterlichen Bibliothek einen traurigen Höhepunkt darstellt. In den Zeitungen wurde weltweit über den *Rape of Belgium* berichtet.

Derweil im Osten

In Ostpreußen wiederum waren zwei russische Armeen unerwartet früh in die Offensive gegangen. Die deutsche Militärführung hatte erwartet, dass das riesige Zarenreich sehr lange für die Mobilisierung seiner Truppen brauchen würde. Da gemäß des Schlieffenplan nur wenige deutsche Truppen zu Verteidigung in Ostpreußen bereitstanden, löste von Moltke proaktiv zwei Korps aus der Westfront heraus und schickte sie nach Osten. Bevor sie jedoch eintrafen, wurde bei Tannenberg eine komplette russischen Armee eingekesselt und aufgerieben. Die Generäle Hindenburg und Ludendorff nutzen das in Ostpreußen gut ausgebaute Eisenbahnnetzwerk, um ihre Truppen zügig zu verlegen. Somit konnte eine punktuelle Überlegenheit gegenüber einer der beiden russischen Armee aufgebaut werden. Während die eine russische Armee stillstand, marschierte die andere in die Falle und wurde Ende August 1914 bei Tannenberg eingekesselt und aufgerieben.

---

[10] Vgl. Tuchman, Barbara. August 1914. S. 333

Geistiger Vater dieses Manövers war der Stabsoffizier Max Hoffmann, der den Plan bereits vor der Ankunft der beiden Generäle Hindenburg und Ludendorff in Ostpreußen ausgearbeitet hatte. Für die erfolgreiche Ausführung des Plans sorgte insbesondere Hermann von François, indem er weniger den Befehlen, sondern vielmehr seinem Instinkt folgte. Die Lorbeeren für den Sieg fielen dennoch Hindenburg und Ludendorff zu, deren Popularität unerwartete Höhen erreichte und sie später zu den mächtigsten Männern des Reiches machen sollte. Die Tatsache, dass sich die beiden russischen Armee- Kommandeure Rennenkampf und Samsonov aufgrund einer persönlichen Abneigung nicht absprachen, begünstigte den Sieg des Deutschen Heers bei Tannenberg. Außerdem konnten die Deutschen die unverschlüsselten Funksprüche der russischen Armee mitzuhören und wussten so jederzeit, was der Gegner vorhatte. Nach dem Verlust einer ganzen Armee musste Russland die Offensive in Ostpreußen abbrechen.

Derweil im Westen - Klucks Schwenkung

Generäle, die sich nicht mochten, gab es auch auf der deutschen Seite. Karl von Bülow hatte als Kommandant der 2. Deutschen Armee auch die Befehlsgewalt über die auf der äußersten rechten Flanke stehenden 1. Armee, die von Alexander von Kluck kommandiert wurde. Während sich von Bülow streng an den taktischen Kasernen-Drill hielt und mit allen Armeen in einer Reihe frontal vorgehen wollte, hätte von Kluck sich gern die strategischen Freiheiten genommen, mit seiner Armee den Gegner zu flankieren oder in sich öffnende Lücken vorzustoßen.

Bei dem Zusammenstoß mit der British Expeditionary Force bei Mons hätte von Kluck aufgrund seiner zahlenmäßigen Überlegenheit den Gegner überflügeln oder gar einschließen können. Stattdessen lautete der Befehl, frontal anzugreifen und die Deutschen erlitten hohe Verluste, bis sich die Engländer schließlich zurückzogen. So wurde zwar in den Grenzschlachten ein taktischer Sieg erzielt, jedoch konnte keine französische oder britische Armee eingeschlossen bzw. besiegt werden.

Mit dem Tagesbefehl der obersten Heeresleitung vom 28. August 1914 bekam von Kluck die Möglichkeit, eigenständig vorzugehen[11]. Seine 1. Armee sollte laut Schlieffenplan die französische Hauptstadt von Westen her umfassen und einschließen. Jedoch entschied von Kluck am 29. August eigenmächtig, ostwärts an Paris vorbeizuziehen, um die französische 5. Armee zu verfolgen und einzukesseln. Er betrachtete die französische 5. Armee als geschlagen und wollte nun endlich den Sieg komplett machen. Von Kluck rechnete dabei fest mit den Verstärkungen, die ihm laut Schlieffenplan auf Kosten der 6. und 7. Armee aus Elsass- Lothringen zugeführt werden sollten, um seine Verluste und zurückgelassene Garnisonen ersetzen zu können. Allerdings waren diese Reserven dabei, die französischen Grenzbefestigungen anzugreifen, statt sich wie geplant defensiv zu verhalten.

In Elsass-Lothringen stürmte nämlich seit dem 24. August der bayerische Kronprinz mit der 6. und 7. Armee gegen die französischen Festungen an, obwohl der Schlieffenplan entwickelt worden war, um eben diese Festungsanlagen zu umgehen. Statt die Franzosen im Norden zu umfassen, sollte nun mit einem Durchbruch in Elsass-Lothringen auch eine südliche Umfassung versucht werden.

---

[11] Vgl. Tuchman, Barbara. August 1914. S. 38

Der Traum eines jeden Militärtheoretikers: Ein perfektes Cannae – die doppelte Umfassung der gegnerischen Truppen. Ob von Kluck als Oberbefehlshaber der 1. Armee nach dem deutschen Erfolg bei Tannenberg vom Eifer getrieben wurde und nun ebenfalls eine Armee einkesseln wollte oder ob er einfach nicht mehr genügend Truppen hatte, um Paris einzuschließen, bleibt offen. Von Moltke genehmigte "nachträglich" von Kluck Schwenkung an Paris vorbei, die im Tagesbefehl von 28. August als eine Variante erwähnt worden war. Der erst kürzlich zum Militärgouverneur von Paris ernannte Joseph Gallieni brachte gegen den zähen Widerstand der französischen Bürokratie, welche Paris als offene Stadt aus den Kämpfen heraushalten wollte, eine Verteidigung von Paris auf die Beine. Indem er wiederholt drei Korps zur Verteidigung der Hauptstadt forderte, ermöglichte er das Entstehen einer Verteidigungsfront vor Paris. Nachdem der Entlastungsangriff der 5. französischen Armee bei St. Quentin durch die 2. deutsche Armee unter von Bülow abgewehrt wurde, war Paris direkt in Gefahr. Der Schwenk der 1. Armee östlich statt westlich an der französischen Hauptstadt vorbei verschaffte allerdings den Franzosen unverhofft eine wertvolle Pause.

Die Front in Elsass-Lothringen hielt dank der französischen Befestigungen dem deutschen Ansturm stand. General Joffe konnte deshalb dort Truppen frei machen und per Eisenbahn nach Norden an die Marne und nach Paris verlegen. In Belgien wiederum hatten die sich zurückziehenden alliierten Truppen die Gleise zerstört, weshalb der deutsche Nachschub ins Stocken kam.

Als Gallienis Generalstabschef General Clergie in Paris auf die Schwenkung aufmerksam geworden war, rief er: *"Sie bieten uns die Flanke!"*. Von Kluck ließ zum Schutz eben dieser Flanke nur eine angeschlagenen Reservedivision zurück und eilte der französischen 5. Armee hinterher.

Von Moltke hingegen hatte befohlen, er solle "rückwärts gestaffelt" nach Süden vorgehen, was bedeutet hätte, dass seine rechte Flanke zwar langgezogen, aber dafür eben nicht schutzlos gewesen wäre. Von Kluck ignorierte diesen Befehl. Ebenso ignorierte er den Befehl von Moltkes am 5. September kehrt zu machen, um seine Flanke vor Paris zu schützen. Er traute den Franzosen einfach nicht mehr zu, einen Gegenangriff starten zu können. Später soll von Kluck gesagt haben, dass der Grund für das Scheitern an der Marne nicht seine Fehleinschätzung der Lage war, sondern das Vermögen der französischen Soldaten, sich nach diversen verlorenen Schlachten aufzuraffen und weiter anzugreifen.

Die bei Paris neu zusammengezogenen französischen Verbände griffen die Flanke der 1. Armee an. Von Kluck war bereits hinter der Marne, als er den Hilferuf seiner Reserve erhielt und eilte nun zurück nach Paris. Dadurch tat sich eine Lücke zwischen ihm und der 2. Armee unter von Bülow auf, in die das britische Expeditionsheer hinein marschierte. Der französische Feldmarschall Joffre reiste zwischen den Fronten und Armeen hin und her, um einen vermeintlich letzten Gegenangriff zu organisieren. Die Briten waren schon kurz davor, sich an den Atlantik abzusetzen und die 5. französische Armee war nach den Niederlagen der letzten Wochen kaum in der Lage, erneut anzugreifen. Aber Joffre konnte seinen Generälen mit Entlassung drohen und die Engländer bei der Ehre packen. Durch diesen Anfang September erfolgten, unerwarteten französischen Gegenangriff musste die 2. Deutsche Armee den rechten Flügel zurücknehmen. Dies war jedoch erstmal kein direkter Rückzug, sondern eher als eine taktische Maßnahme gedacht.

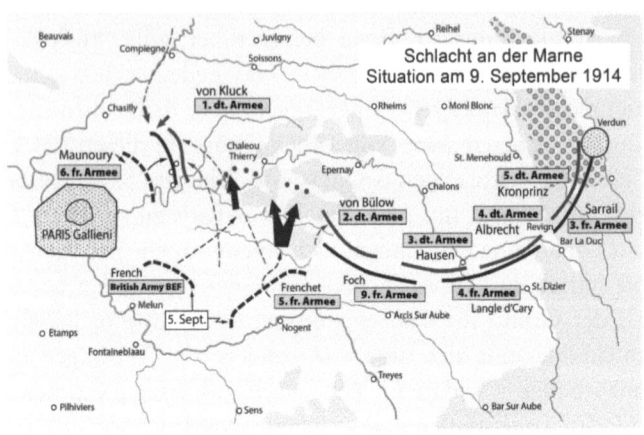

Abb. 5: British Expedition Force (BEF) und die Lücke zwischen der 1. und 2. Armee. Zoom-Ansicht auf www.makinghistory.de/map3

Von Moltke hatte keinen Plan

Während Joffre von einem Frontabschnitt zum nächsten eilte, um immer wieder Gegenstöße zu organisieren, saß von Moltke im weit entfernten Hauptquartier in Luxemburg und verlor zunehmend den Überblick. Statt selbst an die Marne zu fahren, um sich ein genaues Bild zu machen, schickte er seinen Adjutanten Hentchel. Dieser erhielt zwar keine Vollmachten, aber dafür die Ansage, vor Ort die nötigen Dinge einzuleiten. Bei der 2. Armee von Bülows erfuhr Hentchel, dass der Rückzug bereits eingeleitet war, da man die Lücke zur 1. Armee schließen müsse. Hentchel fährt weiter zur 1. Armee von Klucks und informiert über besagten Rückzug bzw. leitet damit ebendiesen bei der 1. Armee ein, die nun durch den Vorstoß des britischen Expeditionsheer abgeschnitten zu werden droht. Ob Hentchel tatsächlich den Rückzug einleitete oder ob es sich nur um ein Missverständnis handelte, da er die 1. Armee lediglich über die "taktische" Rücknahme des

86

rechten Flügels der 2. Armee informierte, bleibt ungewiß. Er soll hierbei den abgekämpften Zustand der 2. Armee mit *"sie sei nur noch Schlacke"* bezeichnet haben, was sicherlich die Entscheidung zum Rückzug der 1. Armee begünstigte[12].

Ob Hentchels "historischer Auftritt", wie Barbara Tuchman schreibt, einen unnötigen Rückzug der deutschen Armee hinter die Marne bezweckte oder gar einen Durchbruch der Alliierten verhinderte, was zu einer deutschen Niederlage geführt hätte, bleibt offen. Mit dem Rückzug hinter die Marne rückte ein schnelles Kriegsende in weite Ferne, da weder Frankreich besiegt, noch die deutschen Armeen entscheidend geschlagen wurden.

Der französische Feldmarschall Joffre konnte frei agieren, da sich die französische Regierung bereits nach Bordeaux abgesetzt hatte. Von Moltke musste hingegen im Hauptquartier zu Luxemburg regelmäßig dem Kaiser Rede und Antwort stehen. Außerdem scharrte der Kriegsminister von Falkenhayn mit den Hufen, da er gern von Moltkes Nachfolger werden wollte. Dies mag erklären, warum sich Joffre persönlich auf die Reise machen konnte, von Moltke jedoch Hentchel schickte, der die Lager vor Ort recht pessimistisch einschätzte. Somit konnte Joffre die Schlacht persönlich koordinieren, während von Moltke im weit entfernten Luxemburg zunehmend die Nerven verlor.

Moltke war sich allerdings bewusst, wie ausgelaugt die deutschen Armeen Anfang September waren. Im Eiltempo war man kämpfend durch Belgien und Nordfrankreich marschiert und der Nachschub stockte. Die Vernichtung des Gegners war der deutschen Armee nicht gelungen.

---

12 Vgl. Friedrich, Jörg. 14/18. S. 576

Wenn sich nun die französische Armee neu organisierte und mit einem Zangenangriff von Paris und Verdun aus die deutschen Armeen umzingelte, wäre der Krieg verloren (Vgl. S. 441, Barbara Tuchman). Somit hätte von Moltke eventuell ebenfalls den Rückzug hinter die Marne angeordnet, wenn er persönlich und nicht Hentchel vor Ort gewesen wäre.

Aber schon vorher hatte von Molkte den Schlieffenplan auf Kosten des rechten Flügels angepasst, indem er den linken Flügel stärkte. Im ursprünglichen Schlieffenplan von 1905 hatte das Verhältnis zwischen dem rechten (Belgien) und dem linken Flügel (Elsass- Lothringen) noch 7:1 betragen, und wurde nun auf 6:2 geändert. Zum anderen zog er zwei Divisionen ab, um sie nach Ostpreußen zu schicken, wo jedoch Hindenburg & Ludendorff in Tannenberg bereits dabei waren, die russische Armee einzukesseln. Laut Jörg Friedrich[13] soll Ludendorff die Verstärkung am Telefon dankend abgelehnt haben, zumal die beiden Korps sowieso zu spät ankommen würden, um an der bereits eingeleiteten Schlacht teilnehmen zu können. Von Moltke schickte sie trotzdem los und sie fehlten wenig später im Westen, um die Lücke während der Marneschlacht schließen zu können[14].

Der Rückzug an der Marne war taktisch richtig, hatte jedoch einen gewaltigen psychologischen Effekt. Obwohl es ein Rückzug war, sprach die Welt von dem "Wunder an der Marne", an der die Deutschen zurückgeworfen worden waren. Der Bewegungskrieg im Westen erstarrte in einem Grabenkrieg und die industrielle Materialschlacht begann.

---

[13] Vgl. Friedrich, Jörg. 14/18. S. 266
[14] ebda. S. 568

Der überambitionierte Kronprinz

Der Kronprinz Rupprecht von Bayern wehrte mit der 6. und 7. Armee den französischen Angriff auf Metz in Elsass-Lothringen mit einem solchen Erfolg ab, das er Lust bekam, weiter vorzugehen. Entsprechend fragte er beim Oberkommando nach, ob es einen Befehl gäbe, der ihm den Angriff verbieten würde. Einen solchen Befehl gab von Moltke nicht und somit ging am 18. August 1914 die 6. und 7. Armee unter dem Kronprinzen Rupprecht von Bayern zum Angriff über, statt sich an den Schlieffenplan zu halten. Zu ergänzen wäre, dass von Moltke zwar der oberste Befehlshaber war, aber der Kronprinz in der aristokratischen Hierarchie des Kaiserreiches weit über ihm stand. Barbara Tuchman hat in ihrem Buch "August 1914" die Episode rekonstruiert. Demnach wollte der Kronprinz unbedingt einen Angriff ausführen, anstatt die Franzosen weiter ins Elsass und somit "in den Sack" bzw. in die Falle zu locken. Somit wurden die französischen Divisionen wieder auf ihre Ausgangsstellung zurückgeworfen. Von dort aus wurden einige Divisionen später auf direktem per Eisenbahn in den Norden verlegt, um den entscheidenden Angriff von Paris aus auf die Flanke der 1. Armee zu unternehmen. Nachdem die Franzosen weiter zurückgeworfen wurden, rief der Stab des bayerischen Kronprinzen erneut beim Oberkommando in Luxemburg an, um zu fragen, wie nun weiter zu verfahren sei. Man ließ ihn kurz am Telefon warten und erörtere die Frage mit von Moltke. Dessen Befehl lautete kurz später: Weiter vorrücken statt wie geplant in Elsass-Lothringen eine defensive Stellung einzunehmen. Somit entfernte sich am 22. August von Moltke weiter von dem ursprünglichen Schlieffenplan, da sich nun die 6. und 7. Armee an den französischen Grenzbefestigungen die Köpfe einrannten, statt Reserven für den Angriff im Norden bereitzustellen.

Der Schlieffenplan wurden entwickelt, um die französischen Grenzbefestigungen zu umgehen. Allerdings hatte die unerwartet schnelle Einnahme der belgischen Festung Lüttich mit Hilfe schwerer deutscher Artillerie bewirkt, dass Festungsanlagen plötzlich ihren Schrecken verloren hatten. Wäre somit nicht auch ein Durchbruch direkt an der deutsch-französischen Grenze möglich? Und damit sogar die Umfassung der französischen Streitkräfte von Norden und Süden gleichzeitig? Im Siegestaumel der ersten Kriegstage schien alles möglich und man vergaß im deutschen Generalstab scheinbar jeden Plan und jede Vorsicht.

Dies soll nicht bedeuten, dass von Molkte einen sicheren Sieg verschenkt hätte, jedoch wären seine Siegeschancen höher gewesen, wenn er sich strenger an den eigentlichen Schlieffenplan gehalten hätte. Im Kontext der von Clausewitz erwähnte Friktionen hat von Molkte auf "Unvorhersehbarkeiten" reagiert und ist deshalb vom Schlieffenplan abgewichen. Allerdings ist er nicht von dem Ursprungsplan abgewichen, um eine Niederlage zu verhindern, sondern weil er mit einer doppelten Umfassung einen noch größeren Sieg erringen wollte. Hochmut kommt bekanntlich vor dem Fall.

Ein einziger Plan

Der Schlieffenplan war der einzige Plan, den das Deutsche Reich bei Ausbruch des Kriegs in der Schublade hatte. Dennoch an diesem Plan festzuhalten (der einen Angriff im Westen vorsah), obwohl man sich im Osten mit Russland im Kriegszustand befand, ist heute schwer nachvollziehbar. Ein Krieg gegen Frankreich war allerdings damals Bestandteil des deutschen Zeitgeistes. Man sah in Paris den Erbfeind, der Russland gegen das Deutsche Reich aufgewiegelt hatte. Frankreich wäre höchstwahrscheinlich früher oder später seinem russischen

Verbündeten zur Hilfe gekommen. Aber dann wären es die Franzosen gewesen, die den Deutschen den Krieg hätten erklären müssen, was einen Kriegseintritt Englands unwahrscheinlicher gemacht hätte. Da Frankreich die Neutralität Belgien nicht verletzen würde, hätten einige deutsche Armeen in Elsass-Lothringen genügt, um die Grenze zu verteidigen. Genauso einen alternativen Aufmarschplan (Großer Aufmarschplan Ost) hatte es bis zum Frühjahr 1913 gegeben. Dann wurde er jedoch von Molkte gestrichen.

Das deutsche Militär war in seiner Offensiv-Doktrin gefangen. Hochmut und Überlegenheitsgefühl ließen keine defensive Alternative zu. Dies war ein Teil des deutschen Zeitgeistes, den insbesondere Kaiser Wilhelms II. „Hau-Drauf-Rhetorik" gefördert hatte. Die Militärs folgten dabei einer rein taktischen Logik, ohne die geostrategische Lage zu berücksichtigen. Warnungen von Politikern wie Reichskanzler Bethmann-Hollweg fanden kein Gehör. Ein weiterer Grund für die Offensiv-Doktrin war auch die kollektive Erfahrung des Dreißigjährigen Krieges, in dem ein Großteil der deutschen Bevölkerung den Tod fand. Kriegshandlungen sollte seither nach Möglichkeit außerhalb der Deutschen Grenzen erfolgen.

Der Schlieffenplan ist somit nicht gescheitert, er wurde vielmehr nie ausgeführt. Mit dem Einmarsch in Belgien und Luxemburg wurden lediglich die Voraussetzungen für die Umsetzung des Plans geschaffen, um ihn dann zu Gunsten eines "großen Cannae" aufzugeben. Der französische Feldmarschall Joffre behielt nach seinem gescheiterten Plan 17 die Nerven und gruppierte seine Armeen neu, um den deutschen Vormarsch aufzuhalten. Von Molkte verlor die Nerven, als er feststellte, dass er sich zwischen den ursprünglichen Schlieffenplan und neuen vermeintlichen Chancen verrannt hatte und am Ende keine der beiden geplanten Umfassungen im Norden und Süden gelang. Die taktischen Fehler von Moltkes sowie schließlich sein seelischer Zusammenbruch waren aber nicht die einzigen Gründe für das Scheitern des Schlieffenplans. Damit der Plan aufging, hätte alles wie am Schnürchen laufen müssen, was bei Kriegsplänen selten der Fall ist. Allein die gewaltige Marschleistung, die von den Truppen am äußersten rechten Flügel gefordert wurde, grenzte schon ans Unmögliche. Drei Wochen lang marschierten und kämpften sich die Truppen täglich durchschnittlich 23 Kilometer vor. Der Nachschub kam kaum nach, da die Eisenbahngleise in Belgien größtenteils zerstört worden waren. Da gerade Erntezeit war, konnten sich die deutschen Truppen aus dem Land versorgen. Wäre der 1. Weltkrieg zu einem anderen Zeitpunkt als Anfang August ausgebrochen, hätten es die deutschen Truppen kaum bis zur Marne geschafft.

Abb. 6: Verlauf der Front Mitte Oktober 1914 - © cyowari
Zoom-Ansicht auf www.makinghistory.de/map4

Schlieffenplan - eine Bilanz

Von Molkte (der Jüngere) war ein begabter Logistiker. Der deutsche Aufmarschplan gegen Frankreich war minutiös ausgearbeitet und sogar die Belastungskapazität von Brücken wurde genau erfasst. Aus diesem Grund war von Moltke fassungslos, als ihm Wilhelm II. nach der Kriegserklärung an Russland befahl, er solle den Aufmarschplan ändern und die Armee statt im Westen eben im Osten aufmarschieren lassen. Von Moltke wies dies schlicht als "unmöglich" zurück.

Er selbst soll gesagt haben, dass nach diesem schicksalhaften Gespräch mit dem Kaiser am Vorabend der Mobilisierung etwas in ihm aus dem Lot gekommen war. Von Moltke wurde vom Kaiser wegen seines melancholischen Charakters "der traurige Julius" genannt und am Ende sollte sein Nervenkostüm dem enormen Druck nicht standhalten. Nach der Marneschlacht wurde er am 14. September als Chef des Generalstabs abberufen und musste einem Nachfolger Erich von Falkenhayn weichen. Aufsummierend waren es drei Fehlentscheidungen, die in seine Zeit als Generalstabschef fallen:

1. Alleinige Konzentration auf den Schlieffenplan ohne einen alternativen Aufmarschplan in der Schublade zu haben. Bzw. Steichung des Ost-Aufmarschplans im April 1913.
2. Sich nicht an den Plan zu halten: Den rechten Flügel personell zu schwächen, obwohl dort die Entscheidung erzwungen werden sollte und zugleich den Angriff in Elsass-Lothringen nicht zu unterbinden, obwohl er dem Schlieffenplan widersprach.
3. Das Entsenden eines Offiziers im Höhepunkt der Marne Schlacht, statt sich selbst einen Überblick zu verschaffen.

Als das Jahr 1914 zu Ende ging, hatte sich die Idee eines kurzen Feldzugs in Rauch aufgelöst. Alle Seiten hatten immense Verluste erlitten, ohne dass eine Entscheidung herbeigeführt worden wäre. Holger Afflerbach nennt in seinem Buch "Auf Messers Schneide" folgende Verlustzahlen:

- Bis Ende Januar 1915 hatte die französische Armee 528.000 Mann verloren, davon 265.000 Tote.
- Die vergleichsweise kleinere British Expeditionary Force hatte bis November 1914 fast 90.000 Mann verloren.
- Die russische Armee verlor 1,8 Millionen Mann. Davon 400.000 gefallen und 486.000 in Kriegsgefangenschaft, der Rest verwundet.
- Österreich-Ungarn hatte 1,25 Millionen Soldaten verloren (gefallen, gefangen, verwundet).
- Die Deutsche Armee verlor 800.000 Mann, von denen 116.000 gefallen waren.

Militärisch gesehen war es ein Patt, doch ob der gewaltigen Verluste konnte keine Regierung einen Kompromissfrieden vor der eigenen Bevölkerung rechtfertigen, ohne zu riskieren, abgewählt oder gestürzt zu werden. Also kämpfte man weiter und hoffte auf ein Wunder oder ein schnelles Ermatten des Gegners.

Exkurs: Die Österreichisch-Ungarischen Streitkräfte

Österreich-Ungarn galoppierte aus zwei Gründen in den Krieg. Einerseits, um von internen Spannungen abzulenken und andererseits, um Serbien in seinen panslawistisch Bestrebungen einzuschüchtern.

Der österreichisch-ungarische Oberbefehlshaber Conrad von Hötzendorf hatte schon lange vor dem Attentat in Sarajevo einen Präventivschlag gegen Serbien forderte. Obwohl er bei jeder Gelegenheit den Krieg befürwortete, hatte er es versäumt, seine Truppen auch entsprechend vorzubereiten. So befanden sich die österreichische-ungarischen Streitkräfte nach der Kriegserklärung an Serbien erstmal nicht in der Lage, den Krieg zu führen, den man gerade erklärt hatte. Dennoch galt damals Conrad von Hötzendorf in der KuK Monarchie als taktisches Genie. Er war bekannt für verwegene Pläne, die in der Theorie zum Erfolg führten. Dabei ignorierte er allerdings Fragestellungen der Logistik und Truppenkonzentration, weshalb im späteren Kriegsverlauf ausnahmslos jede Schlacht verloren ging, die er geplant hatte. Obwohl das österreichisch-ungarische Militär einen Konflikt mit Serbien beabsichtige, investierte es außerdem recht wenig in die militärische Aufrüstung. Als sich die Fronten entlang der Bündnisse ab ca. 1902 verhärteten und ein Krieg immer wahrscheinlicher wurde, investierte das Deutsche Reich ca. 3.000 Mark für einen mobilisierten Soldaten. In Frankreich waren es 2.600 Mark und in Österreich-Ungarn nur 1.400 Mark. Somit war ein Soldat der KuK-Monarchie nur halb so gut ausgerüstet wie ein Soldat der deutschen Armee. Die KuK Streitkräfte bestand aus drei Teilen: der gemeinsamen Armee (die aus allen Teilen des Landes rekrutiert wurde), der kaiserlich-österreichischen Landwehr und dem königlich-ungarischen Honvéd. Die österreichischen und ungarischen Reichsteile zogen es oft vor, jeweils ihre eigenen Einheiten zu finanzieren, anstatt alle drei Armeeteile gleich auszurüsten. Die Anzahl und Qualität der Artillerie war unzureichend und den Streitkräften fehlte eine nennenswerte Luftwaffe.

Neben der mangelhaften Ausrüstung gab es auch die in einem Vielvölkerstaat üblichen Verständnisprobleme. Wie in einer Monarchie üblich, waren die Offizierposten dem Adel vorenthalten, der es gewohnt war, Deutsch oder Ungarisch zu sprechen. Die Mannschaften sprachen aber tschechisch, slowakisch, kroatisch usw. Der Rückzug von Karánsebes im Jahre 1788 aus der Epoche der türkisch-österreichischen Kriege ist ein Beleg für diese Dilemma: Die "Halt!" Rufe einiger Offiziere wurden von den Mannschaften als "Allah!" Rufe verstanden, woraufhin das Feuer eröffnet wurde. Das Ergebnis war, dass sich die österreichisch-ungarischen Streitkräfte selbst aufgerieben hatten, bevor die türkischen Streitkräfte überhaupt auf dem Schlachtfeld eingetroffen waren.

Conrad von Hötzendorfs Strategie war eine schwere Hypothek für Österreich-Ungarn. Statt zu Kriegsbeginn die gesamten Streitkräfte dem übermächtigen Zarenreich entgegenzustellen, teilte er sie auf, um gleichzeitig in Serbien einzumarschieren und den Russen in Galizien Paroli zu bieten. Die Konsequenz dieser Strategie war, dass Österreich-Ungarn an beiden Fronten verlor. Bereits nach einem halben Jahr hatte die KuK Monarchie über eine Million Mann und somit den Kern seiner Streitkräfte verloren. Es konnte den Krieg nur noch mit der militärischen Unterstützung des Deutschen Reiches fortsetzen. Von Hötzendorf hatte seine eigene Leistungsfähigkeiten und die der österreichisch-ungarischen Streitkräfte völlig überschätzt.

2. Die Knochenmühle von Verdun

Der Schlacht an der Marne folgt ein Wettrennen beider Seiten an die Kanalküste, um von dort aus die jeweilige Front des Gegners aufzurollen. Das Rennen ging unentschieden aus und beiden Seiten gruben sich ein. Mittlerweile hatte von Falkenhayn die Nachfolge des psychisch zusammengebrochenen von Moltke als Generalstabschef angetreten.

Von Falkenhayn sah schnell ein, dass nach dem Scheitern des Schlieffenplans ein totaler Sieg nicht mehr möglich war und die materielle Überlegenheit der Entente auf langer Sicht den Ausschlag geben würde. So entschloss er sich zu einer Ermattungsstrategie, in der die Kriegsteilnehmer auf Seiten der Entente durch begrenzte Offensiven zu einem Separatfrieden genötigt werden sollten. Es gelang ihm, die Balkanfront zu stabilisieren, indem er Österreich-Ungarn militärisch unterstützte. Serbien wurde besetzt und nach der Schlacht von Gorlice-Tarnow räumte die russische Armee Galizien und Polen. Während allerdings das Duo Ludendorff/Hindenburg einen Schwerpunkt auf die Ostfront legen wollte, um dort die schlecht geführten russischen Truppen zu besiegen und somit Russland zu einem Frieden zu zwingen, legte Falkenhayn seinen Schwerpunkt auf die Westfront.

Falkenhayn wusste, dass die Einnahme eines symbolträchtigen Ortes wie Verdun die Franzosen unter Zugzwang bringen würden. Staatsräson und politischer Druck würde sie dazu gedrängen, das Gebiet um jeden Preis zurückzuerobern. Da sich herausgestellt hatte, dass im Grabenkrieg der Verteidiger dem Angreifer überlegen war, wollte Falkenhayn somit den Franzosen beim Rückeroberungsversuch empfindliche Verluste beibringen. Die Aktion bekam den Decknamen *Operation Gericht*.

Die Deutschen konnten zunächst durch einen Überraschungsangriff Ende Februar 1916 das Forts Douaumont erobern und sich dort in einer sehr guten Verteidigungsstellung einrichten. Von dort hatten sie eine ausgezeichnete Sicht auf das Gebiet - perfekt für das Artilleriefeuer, das erforderlich war, um den Franzosen massenhaft Verluste zuzufügen. Sie nahmen jedoch nicht das linke Ufer der Maas ein, was sich als Fehler erwies, da die französische Artillerie dieses Gebiet nutzen konnte, um alle exponierten deutschen Stellungen zu beschießen.

Die deutschen Generäle verbissen sich allerdings in ihrem Ehrgeiz zu sehr in die Eroberung von Verdun. Wann immer die Franzosen etwas Boden zurückerobert hatten, starteten die Deutschen direkt einen Gegenangriff, statt eine flexible Verteidigungsstrategie zu praktizieren. Und bei jedem Gegenangriff setzten sich die Deutschen ihrerseits dem vernichtenden französischen Artilleriefeuer vom linken Ufer der Maas aus. Eigentlich hatte von Falkenhayn geplant, die französische Armee in den „Fleischwolf" zu ziehen, nun stürmte die deutsche Armee ebenfalls hinein.

Der Beginn der Offensive an der Somme am 1. Juli 1916 und der russischen Brusilov Offensive ab dem 4. Juli 1916 zwang von Falkenhayn Truppen von Verdun abzuziehen und zu diesen beiden Brennpunkten zu schicken. Somit erlahmte die Schlacht um Verdun. Bis Ende 1916 hatten die Franzosen sämtliche Gebiete, die die Deutschen seit Beginn der Operation erobert hatten, zurückerobert. Die Verluste bei Verdun beziffern sich auf 377.000 französische und 327.000 deutsche Soldaten, ohne dass sich der Frontverlauf maßgeblich veränderte. Verdun ist zu einem Symbol für die Sinnlosigkeit des Kriegs geworden.

Im August 1916 sagte von Falkenhayn gegenüber dem Reichskanzler Bethmann-Hollweg, dass er gar keinen Sieg in Verdun geplant hätte, sondern die Franzosen "weißbluten" lassen wollte. Er vermied dabei aber zu erwähnen, dass die deutschen Truppen im gleichen Maße wie die französischen Truppen ausgeblutet worden waren.

Am 1. Juli 1916 starteten die Alliierten eine Gegenoffensive an der Somme, um Verdun zu entlasten. Nach siebentägigem Artilleriefeuer dachten der britische Oberbefehlhaber General Douglas Haig, dass jeglicher Widerstand ausgelöscht wäre und ließ in breiter Front gegen die deutschen Stellungen vorrücken. Allein in der ersten halben Stunde starben 8.000 Briten, als sie vom deutschen MG-Feuer überrascht wurden. In Summe starben an diesem ersten Tag der Schlacht an der Somme 20.000 britischen Soldaten, weshalb dieser Tag der als der "schwärzeste Tag der britischen Militärgeschichte" gilt. Davon unbeeindruckt ließ General Douglas Haig in den Folgetagen weiter angreifen. Von Falkenhayn ließ seinerseits jeden Meter verteidigen und ordnete Gegenangriffe an, was ebenfalls zu hohen Verlusten auf deutscher Seite führte. Er beging somit den gleichen Fehler, den der in Verdun bei den Franzosen antizipiert hatte.

Am 29. August wurde Erich von Falkenhayn durch das Duo Paul von Hindenburg und Erich Ludendorff abgelöst, das schrittweise eine flexible Verteidigung einführten, indem sie nicht das Gros der Mannschaft im vorderen Graben konzentrierten (wo es der gegnerischen Artillerie ausgesetzt war), sondern die Truppen tiefer staffelten und Eingreifgruppen als Reserve hinter den Gräben bereithielten. Im März 1917 wurde die vorher teuer verteidigte Front an der Somme aufgegeben und die deutschen Truppen zogen sich im Zuge einer taktischen Frontverkürzung auf die Siegfriedstellung zurück, die bis zum Ende des Kriegs mehr oder weniger in Takt blieb.

Exkurs: 1916 - die Chance auf einen Kompromissfrieden

Im April 1916 musste England den Osteraufstand in Irland niederschlagen. Rumänien trat im August 1916 auf Seiten der Entente in den Krieg ein, wurde jedoch in wenigen Monaten von den Mittelmächten besiegt. Die Besetzung Rumäniens verbesserte kurzweilig die Versorgungslage des Deutschen Reiches, da ca. 120.000 Tonnen Weizen und große Mengen an anderen Rohstoffen (Bauholz, Rohöl, usw.) erbeutet wurden. Russland musste nun auch an der rumänischen Grenze eine Front etablieren, womit die russische Armee an keiner Stelle mehr ausreichend Truppen für eine Offensive zusammenziehen konnte. Die bisherige zahlenmäßige Überlegenheit der russischen Armee an der Ostfront war somit aufgehoben. Nach dem Sieg über Rumänien brachte das Deutsche Reich am 12. Dezember 1916 auf Initiative der Reichskanzlers Bethmann Hollweg ein Friedensangebot auf den Weg. Allerdings ohne konkrete Kriegsziele zu formulieren, da man sich alle Optionen offenhalten wollte. Dafür wurden aber die bisherigen militärischen Erfolge der Mittelmächte hervorgehoben. Man wollte unbedingt vermeiden, dass die Alliierten das Friedensangebot als Schwäche deuteten. Das Friedensangebot wurde mit der Aussage *„ihr alles Konkrete vermissender Inhalt"* von der Entente abgelehnt.

1916 herrschte ein Patt auf allen Seiten, wobei die Mittelmächte militärisch die größeren Erfolge errungen hatten. Das Kaiserreich hätte mit der Formulierung von milden Kriegszielen das Gespräch mit der Entente einleiten können. Es hätte genügt, zu formulieren, dass das Deutsche Reich bereit sei, alle im Zuge der militärischen Notwendigkeit besetzen

Gebiete zu räumen. Dann wären allerdings Hunderttausende junge Männer umsonst gestorben bzw. nur um den Status Quo zu wahren. Der Zwang, die Opfer zu rechtfertigen, vereitelte die Chance auf einen vorzeitigen Frieden.

Die Entente nahm den Faden der Friedensinitiative seitens der Mittelmächte aus ähnlichen Gründen nicht auf. Die französischen Kriegsziele aus den Jahren 1915/16 forderten eine Aufteilung des Deutschen Reichs in Kleinstaaten sowie die Abtrennung von großen Gebieten (siehe Abb. 7). Diese Ziele wären nur mit einer bedingungslosen Kapitulation des Deutsche Reich umsetzbar gewesen.

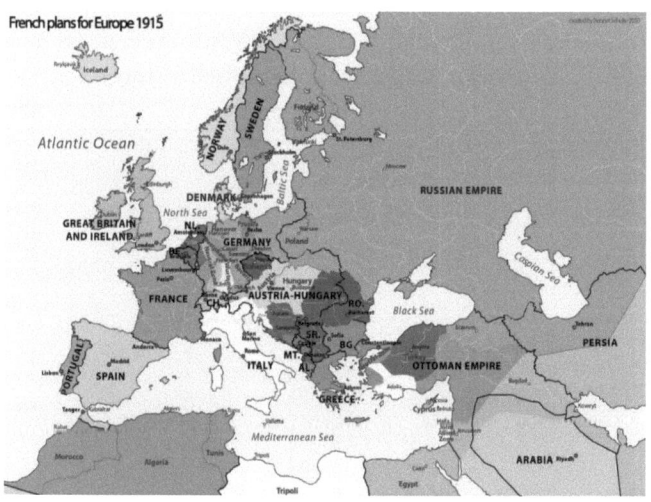

Abb. 7: Französische Kriegsziele 1915: Das Deutsche Reich sollte in Kleinstaaten zerteilt werden. Zoom unter makinghistory.de/map5

3. Die Entscheidung im Westen - Operation Michel

Nachdem das Zarenreich im Zuge der russischen Oktoberrevolution 1917 zusammengebrochen war, begannen Friedensgespräche mit der neuen Sowjet-Regierung, die schließlich am 3. März 1918 im Friedensvertrag von Brest-Litowsk mündeten. Russland musste große Gebiete abtreten und deutsche Truppen konnten von der Ostfront abgezogen werden. Mit diesen frei gewordenen Truppenkontingenten plante Ludendorff eine letzte große Entscheidungsschlacht im Westen, bevor die erst kürzlich in den Krieg eingetretenen USA massiv in das Kampfgeschehen eingreifen würden. Die als Unternehmen Michael oder Kaiserschlacht bezeichnete Offensive sollte den militärischen Durchbruch an der Westfront erzielen und somit die Entente an den Verhandlungstisch zwingen.

Abb. 8. Europa im April 1918 - © cyowari
Zoom-Ansicht auf www.makinghistory.de/map6

Während am 21. März 1918 die letzte deutsche Offensive im Westen begann, blieben ca. 1 Million deutsche Soldaten im Osten stationiert, um dort weitere Gebiete zu erobern bzw. imperiale Pläne zu verwirklichen[16].

Die Offensive erfolgte an der Nahtstelle zwischen den britischen und französischen Truppen, mit dem Ziel beide Truppenkontingente voneinander zu trennen. Nach erfolgreichem Durchbruch sollten die Engländer an den Ärmelkanal gedrückt werden. Dreh und Angelpunkt war die Stadt Amiens, über die ein Großteil der englischen Versorgung lief. Taktisch hatte man in den letzten Jahren viel gelernt, weshalb man auf keilförmige Sturmtruppen (statt eines breiten Massenangriffes) und einer kurzen, dafür heftigen Feuerwalze als Artillerievorbereitung setzte (statt tagelangem Beschuß, der dem Gegner Zeit gab, Verstärkung heranzuholen). Die neue deutsche Taktik war von Erfolg gekrönt und zum ersten Mal seit vier Jahren gelang ein tiefer Einbruch in die Stellungen der Entente. Statt sich jedoch auf das Ziel Amiens zu fokussieren, wurde der Erfolg nach allen Seiten hin ausgeweitet, was lediglich den Frontverlauf verlängerte[17]. Die knappen Truppenreserven wurden somit breit verteilt und der Hauptstoß in Richtung Amiens geriet ins Stocken. Im Verlauf der Offensive zeigte sich auch, dass der Krieg für das Deutsche Reich kaum noch zu gewinnen war. Das deutsche Heer war nach vier verlustreichen Jahren am Ende seiner Kräfte. Sobald die Deutschen in dieser letzten Offensive die alliierten Stellungen durchbrachen, wurden erst einmal die reichen Vorräte geplündert und die Weinkeller leer getrunken.

---

[16] Vgl. Haffner, Sebastian. Die sieben Todsünden des Deutschen Reiches im Ersten Weltkrieg. S. 98

[17] Vgl. Friedrich, Jörg. 14/18. S. 898

So geschehen in der Stadt Albert, relativ kurz vor Amiens am 27./28. März 1918, als ein deutscher Leutnant meinte, er bekäme seine Soldaten nicht ohne Blutvergießen aus dem Weinkeller heraus. Verübeln kann man es den Soldaten nicht, die aufgrund der britischen Seeblockade nur knappe Rationen gewohnt waren und in den eroberten Gräben reichlich Proviant vorfanden.

Zugleich war die Erkenntnis, wie gut die Soldaten der Entente versorgt waren, für die deutschen Truppen desillusionierend. Ihnen wurde immer wieder gesagt, wie erfolgreich deutsche U-Boote die Handelsrouten der Gegner stören und sie deshalb noch schlimmer unter Versorgungsengpässen zu leiden hätten, als man selbst. Nun wurde offensichtlich, dass dies reine Durchhaltepropaganda gewesen war.

Trotz anfänglicher Erfolge konnte das Ziel, bei Amiens durchzubrechen, nicht erreicht werden. Weitere Offensiven scheiterten an der täglich wachsenden Übermacht der Entente, die einerseits zunehmend durch US-amerikanische Truppen verstärkt wurde und andererseits unter keinerlei Versorgungsengpässen litt.

Laut Sebastian Haffner (vgl. Die sieben Todsünden des Deutschen Reiches im Ersten Weltkrieg. S. 98 ff.) hätte die Eroberung Ameins gelingen können, wenn das Deutsche Reich sämtliche Truppen aus dem Osten abgezogen hätte und diese in der „Entscheidungsschlacht" eingesetzt hätte. Stattdessen eroberten eben diese Truppen weite Gebiete im Osten, um imperialen Fiktionen Rechnung zu tragen. Wenig später mussten eben diese Gebiete wieder geräumt werden, als die Truppen sukzessive zur Abwehr der immer größeren Übermacht der durch US-Truppen verstärkten Entente in den Westen verlegt wurden.

Ins Feld nachgeschobene Truppen schrieben an ihre Waggons "Schlachtvieh für Wilhelm & Söhne" [18] Die Moral der deutschen Truppen war erschöpft. Zuhause litten die Familien Hunger und an der Front wurden die Soldaten verheizt. Und das alles für den Erhalt einer Monarchie, mit einer privilegierten aristokratischen Schicht?

Nach dem "Schwarzen Tag für das Deutsche Heer" am 8. August 1918, als der Entente ein Durchbruch der deutschen Front bei der Schlacht von Amiens gelang, war die Fortführung des Krieges laut der Obersten Heeresleitung aussichtslos und zum ersten Mal wendete sich das Militär an die Politiker; mit der Aufforderung, einen Frieden auszuhandeln.

Österreich-Ungarn befand sich zu diesem Zeitpunkt in Auflösung, das Osmanische Reich war teilweise besetzt, Serbien wieder befreit, Bulgarien besiegt und die Westfront eingedrückt. Die Mittelmächte waren am Ende.

Der Kaiser als oberster Kriegsherr

Der Historiker Holger Afflerbach hat sich detailliert durch die Tagebücher und Briefe des kaiserlichen Generaladjutanten Hans Georg von Plessen (1841–1929) sowie des Chefs des Kaiserlichen Militärkabinetts, Moriz Freiherr von Lyncker (1853–1932) durchgearbeitet. Beide Personen erlebten den Krieg in der engsten Umgebung des Kaisers und geben Einblicke in die Rolle des Monarchen als Kriegsherr. Trotz ihrer Loyalität ergibt sich ein haarsträubendes Bild fast völliger Inkompetenz des letzten deutschen Kaisers. Ihre Hauptbeschäftigung bestand darin, das Fehlverhalten sowie die Schwächen Wilhelm II. auszugleichen.

---

[18] Pliever, Theodor. Des Kaisers Kulis. S. 321

Die Dokumente liefern eine wichtige Quelle für die Atmosphäre in der Umgebung des Kaisers. Es wird deutlich, wie sehr von Plessen um die labile Psyche des Kaisers besorgt war und deshalb systematisch versuchte, negative Informationen von ihm fernzuhalten, wobei er von der Kaiserin nach Kräften unterstützt wurde. Dieser Umstand verstärkte Wilhelms II. Neigung, unliebsame Realitäten nicht zur Kenntnis nehmen zu wollen. Bei kleinsten lokalen Erfolgen ließ er Champagner ausschenken, um das bevorstehende, siegreiche Ende des Kriegs zu feiern.

Von Lyncker warf dem Kaiser immer wieder Vergnügungssucht, mangelndes Einfühlungsvermögen und fehlendes Verständnis für den Ernst der militärischen Lage vor. Im Mai 1917 schrieb er über den Kaiser:

> *„Wahr ist es ja leider, dass er sich selbst in vielen Dingen ausschaltet und seine Bequemlichkeit allem anderen vorzieht. Das hat er aber immer getan, auch schon vor dem Kriege. Er ist eben sehr schwach und stark nur im Vertreten seiner persönlichen Privat-Interessen, vor Allem eines behaglichen möglichst ungestörten Daseins. Das ist ja leider nur allzu hervortretend. Der großen Aufgabe ist er nicht gewachsen, weder mit Nerven noch mit Intellekt."*
>
> *Lyncker, 19. Mai 1917*

Interessant ist auch, welche Rolle die Kaiserin dabei spielte. Von ihrem Gatten wurde sie zu Unterstützung seiner schwachen Nerven immer öfter ins Große Hauptquartier eingeladen. Sie half dabei, die militärische Realität vor ihm zu verschleiern und nervte die Anwesenden mit ihren Einmischungen sowie den Zwängen des Hoflebens, die sich aus ihrer Anwesenheit ergaben.

Eisige und gefühlskalte Generäle, die am Kartentisch den Tod von Hunderttausenden ungerührt in Kauf nahmen, gab es auf beiden Seiten der Front. Neben diesen Atheisten oder gar Nihilisten - zu denen man Conrad von Hötzendorf und von Falkenhayn zählen könnte, gab es auch die fanatischen Nationalisten wie Ludendorff und Oberst Max Hermann Bauer (den Erfinder des Gasangriffs), die aus patriotischen Gründen auf einen Siegfrieden pochten. Selbst von Lyncker, der zwar mit fortschreitender Kriegsdauer zu einem Kritiker des Kaisers wurde und über die Geringschätzung der Opfer verbittert war, hegte zwar die Hoffnung, der Krieg möge bald zu Ende gehen, aber nicht um jeden Preis, wie das folgende Zitat von ihm belegt: *„Belgien müsse deutsch werden, sonst habe das Ganze keinen Sinn gemacht."* In diesem Satz spiegelt sich der Zeitgeist der deutschen Eliten in den Kriegsjahren wider.

Wilhelm II. hatte mit seinem weltpolitischen und martialischen Auftreten in der Vorkriegszeit erst eine Bündnis-Konstellation verursacht, in der die Gleise auf Krieg gestellt wurden. Als es dann so weit war und der Krieg ausbrach, stellt sich heraus, wie wenig Substanz seine Kriegsrhetorik besaß. Er war mit der Lage sichtlich überfordert. In den Kriegsjahren spielte er als Entscheidungsträger kaum noch eine Rolle. Das Deutsche Reich wurde gegen Kriegsende mit Hindenburg und Ludendorff quasi von einer Militärjunta regiert.

Exkurs: Seeblockade & U-Boot Krieg

Die britische Seeblockade sorgte zuerst für Unmut in den USA, da der Handel jeder neutralen Nation mit den Mittelmächten unterbunden wurde, indem sich die Engländer das Recht herausnahmen, jegliche Waren, die nur im entferntesten als kriegsunterstützend definiert werden konnten, zu beschlagnahmen. Der US-Handel mit den Mittelmächten ging von 169 Millionen im Jahre 1914 auf 1 Million in Jahr 1916 zurück. Zur gleichen Zeit stieg das gesamte US-Handelsvolumen von 824 Millionen auf drei Milliarden und wurde somit mehr als nur kompensiert[19]. Daher hielt sich der Groll der USA bezüglich der Einschränkung des neutralen Handels durch die englische Seeblockade in Grenzen. Darüber hinaus waren die Handelsbeziehungen der USA traditionell stärker mit England (als dessen ehemalige Kolonie) und Frankreich (die den USA im Unabhängigkeitskrieg geholfen hatten) als mit Deutschland und Österreich-Ungarn.

Bereits im deutschen Flottengesetz aus dem Jahr 1900 hieß es, dass ein Blockadekrieg, *"...selbst wenn er nur ein Jahr anhielte, Deutschlands Handel vernichten und es in die Katastrophe führen würde."* [20]

Umso erstaunlicher, dass es für den Kriegsfall keinen Plan für die deutsche Hochseeflotte gab, eine solche Blockade zu unterbinden. Immerhin hatte erst das kaiserliche Flottenbauprogramm den Konflikt mit England maßgeblich verursacht.

> *"Der Flotte, deren Existenz ein wichtiger Faktor bei der Entstehung des Krieges gewesen war, hatte man für den Kriegsfall keine aktive Rolle zugeteilt."* [21]

---

[19] Vgl. Tuchman, Barbara. August 1914. S. 354
[20] ebda. S. 346
[21] ebda. S. 345

Die englische Seeblockade war allerdings ein Bruch mit dem Völkerrecht, da es das zivile Leben in Deutschland betraf. Rund 700.000 Menschen sind an den Folgen der Blockade in Deutschland gestorben bzw. verhungert. Die Seeblockade wurde auch nicht nach dem Waffenstillstandsabkommen von 11. November 1918 aufgehoben, sondern blieb noch bis zum 28. Juni 1919 - dem Termin der Unterzeichnung des Versailler Vertrages - bestehen. Man schätzt, dass in diesen zusätzlich acht Monaten weitere 100.000 Menschen an den Folgen der anhaltenden Blockade verstorben sind. Der uneingeschränkte U-Boot-Krieg des Deutschen Reiches war eine Reaktion auf die Blockade und sollte ebenso den Handel der britischen Insel zum Erliegen bringen. Da auch neutrale sowie zivile Schiffe das Ziel deutscher U-Boote wurde, war ebenfalls der uneingeschränkte U-Boot-Krieg eine Verletzung des Völkerrechts.

Versorgung der deutschen Bevölkerung während der Blockade

	Fleisch	Pfanzenfett	Fisch
Anfang des Krieges	100%	100%	100%
Mitte des Krieges	31%	39%	51%
Ende des Krieges	12%	17%	5%

Quelle: © Statista 2022

Die Versenkung des britischen Passagierdampfers Lusitania, der neben US-Bürgern auch Munition für England an Bord hatte, am 7. Mai 1915 durch ein deutsches U-Boot sorgte für eine anti-deutsche Stimmung in den USA. US-Präsident Wilson forderte eine Einstellung des uneingeschränkten U-Boot-Kriegs und drohte ansonsten mit einer Kriegserklärung.

Das Deutsche Reich lenkte im September 1915 ein und der Druck auf die britischen Versorgungslinien nahm wieder ab. Nach einer Analyse des US-Historikers Robert O'Connell war dies ein Fehler der Mittelmächte. Seiner Ansicht nach waren 1915 die USA auf keine Kriegsteilnahme vorbereitet und Englands Versorgung zur See bereits gefährdet. Bevor die USA massiv hätte eingreifen können, wäre in England die Versorgungslage durch die Weiterführung des uneingeschränkten U-Boot-Kriegs noch prekärer geworden. London hätte sich wahrscheinlich gezwungen gesehen, 1916/17 Frieden zu schließen. Somit wäre eine aktive Kriegsteilnahme der USA obsolet geworden. Die amerikanischen Truppen hätten außerdem bei einem früheren Kriegseintritt höhere Verluste erlitten, was die öffentliche Meinung in den USA zu moderaten Friedensverhandlungen bewegt hätte. Ob die jeweiligen Kriegsziele in einem Maße reduziert worden wären, um einen Kompromiss zu finden, ist eine andere Frage. Wahrscheinlich hätte es sozialer Unruhen bedurft, um die Staatsführer in Berlin, Wien, St. Petersburg, Paris und London einlenken zu lassen.

Abb. 9: New York Times. Versenkung der Lusitania

Der Propaganda-Effekt nach der Versenkung der Lusitania auf die Stimmung in den USA war enorm. Alexander Demandt erwähnt in seinem Buch „Es hätte auch anders kommen können" (S. 202) eine evtl. absichtliche Kursänderung durch die britische Marine Admiralität, um das Zusammentreffen der Lusitania mit einem deutschen U-Boot wahrscheinlicher zu machen. Die entsprechenden Unterlagen im British Naval Intelligent Department sind bis heute verschlossen geblieben.

Als im März 1917 die Zimmermann-Depesche in den USA publik wurde, in der das Deutsche Reich Mexiko ein Bündnis anbot und bei einem Sieg Gebiete in den Bundesstaaten Texas, Arizona und Neu Mexiko versprach, kippte die Stimmung in der bis dahin weitestgehend kriegsunwillige US-Bevölkerung endgültig.

Reichskanzler Bethmann-Hollweg hatte immer wieder vor den Folgen des uneingeschränkten U-Boots Krieges gewarnt, der zum einen den Kriegseintritt der USA wahrscheinlich machen und zum anderen das Ansehen des Deutsche Reich in der Weltöffentlichkeit gefährden würde. Als jedoch das deutsche Friedensangebot von 12. Dezember 1916 abgelehnt wurde, blieben auch Bethmann-Hollweg die Argumente aus und die Militärs überzeugten den Kaiser, dass nur ein umfassender U-Boot Einsatz diesen Krieg zu einem siegreichen Ende bringen könnte. Am 1. Februar 1917 eröffnete das Deutsche Reich erneut den uneingeschränkten U-Boot-Krieg. Die Antwort kam an 6. April 1917 in Form einer US-Kriegserklärung.

Das Gleichgewicht hatte sich massiv zu Ungunsten der Mittelmächte verschoben. Der Krieg war kaum noch zu gewinnen, auch wenn das russische Zarenreich 1917 im Zuge der russischen Oktober Revolution implodierte.

Nach der Kriegserklärung der USA an das Deutsche Reich erklärte der Marinestaatssekretär Eduard von Capelle vor dem Reichstag: *"In militärischer Hinsicht erachte ich die Stärkung durch den Eintritt der USA in den Krieg auf Seiten unserer Gegner für Null."* Er sollte sich täuschen, denn die USA hatten Anfang 1918 bereits mehr als 200.000 US-Soldaten an der Westfront stationiert und am Ende sollten es sogar 1,8 Millionen sein.

Die deutsche Kriegsmarine besaß zu Kriegsbeginn lediglich 24 U-Boote. Als der uneingeschränkte U-Boot-Krieg im Februar 1917 wieder aufgenommen wurde, waren es 136 U-Boote, die der englischen Marine zuerst ernste Sorgen bereiteten. Ungefähr 2.000 Handelsschiffe mit insgesamt 3,5 Millionen Bruttoregistertonnen wurden in den ersten Monaten versenkt und führten zu einer Versorgungskrise in England. Der Nachschub aus dem nun mit England verbündeten USA, der in schwer bewachten Geleitzügen über den Atlantik floss, konnte die Verluste jedoch mehr als ausgleichen. Durch verbesserte Abwehrtechniken stiegen die Verluste an deutschen U-Booten und die Euphorie der deutschen Militärführung ob der Anfangserfolge im U-Boot-Krieg verflog rasch wieder.

So brachte die Wiederaufnahme des uneingeschränkten U-Boot-Krieges, auf den die deutschen Militärführung so lange gepocht hatte, tatsächlich die Kriegswende - jedoch zu ihren eigenen Ungunsten.

Laut Ehrhardt Bödecker soll Churchill 1936 an den Herausgeber der New York Enquirer, Mr. William Griffin, geschrieben haben, dass er den Kriegseintritt der USA bereue, da ansonsten die Entente mit den Mittelmächten im Frühling 1917 Frieden geschlossen hätte:

> *„America's entrance into the war was disastrous not only for your country but for the Allies as well, because had you stayed at home and minded your own business we would have made peace with the Central Powers in the spring of 1917, and then there would have been no collapse in Russia, followed by communism; no breakdown in Italy, followed by fascism; and Nazism would not at present be enthroned in Germany."*
> *W. Churchill an Mr. William Griffin, 1936*

Ein Großteil der deutschen Flotte verblieb während des Kriegs im Hafen. Einerseits wollte der Kaiser nicht riskieren, dass seine "Lieblinge" versenkt wurden, und andererseits erhoffte man sich von der Flotte einen Faustpfand für künftige Friedensverhandlungen. Straßenkinder sollen damals in Wilhelmshaven gesunden haben: *"Lieb Vaterland, magst ruhig sein. Die Flotte schläft im Hafen ein!"* [22]

Als im Herbst 1918 die Niederlage des Deutschen Reiches absehbar wurde, erfolgte der Flottenbefehl vom 24. Oktober 1918. Die gesamte Flotte sollte auslaufen und in einer Entscheidungsschlacht gegen England entweder einen Achtungserfolg erringen oder nobel untergehen. Die Folge war der Matrosenaufstand von Kiel, der am 3. November 1918 losbrach und das Ende des Kaiserreiches einläutete.

---

[22] Vgl. Plievier, Theodor. Des Kaisers Kulis, S. 127

Versailles

Auf ihrem Weg zur Vertragsunterzeichnung musste die deutsche Delegation eine Gruppe kriegsversehrter französischer Soldaten passieren, die mit ihren entstellten Gesichtern an die Opfer und das Leid erinnerte. Diesen "gueules cassées" (broken faces) dankte der französische Ministerpräsidenten Georges Clemenceau stellvertretend allen verwunderten und gefallenen französischen Soldaten für ihre Opferbereitschaft. Sie sollten das moralische Urteil bekräftigen, das in dem Artikel 231 des Versailler Vertrags gefällt wurde: Das Deutsche Reich trägt die Schuld am Krieg und die Verantwortung für seine Opfer. Kriegsversehrte anderer Nationen waren nicht eingeladen.

Der oberste Befehlshaber der Alliierten Ferdinand Foch war anwesend, als die Deutschen den Waffenstillstand am 11. November 1918 unterzeichneten. Nach den Verhandlungen in Versailles und schließlich der Unterzeichnung des Vertrags durch Deutschland Ende Juni 1919 - unter Protest - sagte er: *"Dies ist kein Frieden, dies ist ein Waffenstillstand für 20 Jahre."* Er sollte auf erschreckende Weise Recht behalten.

Klaus von Dohnanyi formuliert in seinem Buch *"Nationale Interessen: Orientierung für deutsche und europäische Politik in Zeiten globaler Umbrüche",* dass erst die USA mit ihrem Kriegseintritt den Frieden von Versailles ermöglichten. Statt jedoch diesen Frieden zu vermitteln, zogen sie sich wieder über den Atlantik zurück und überließen die Mittelmächte der Rache ihrer Gegner. Der Vertrag von Versailles wurde von den USA niemals ratifiziert. Erst 1921 schließen die USA im Berliner Vertrag einen Separatfrieden mit Deutschland ab.

In der Retrospektive erscheint es irrational, einen brüchigen Friedensvertrag aufzusetzen - Rationalität ist jedoch die Logik des lokalen Moments, nicht die des großen Ganzen.

Zum Zeitpunkt der Verhandlungen von Versailles sollte das Gleichgewicht der Kräfte in Europa wieder hergestellt werden, indem man Deutschland nachhaltig schwächte. Entsprechend erfolgten die Verhandlungen unter Ausschluss Deutschlands. Die unbeschreiblichen Schrecken und Opfer des Großen Krieges waren den Teilnehmern der Konferenz noch deutlich vor Augen, ebenso wie die aufputschende Propaganda. Der Hass hatte somit keine Gelegenheit abzukühlen und bestimmte die Rationalität des Versailler Vertrags. In Deutschland lehnten alle Parteien den Versailler Vertrag ab, dessen Unterschrift unter dem Druck der englischen Seeblockade erzwungen wurde. Somit gab es auch keinen Raum in Deutschland, um den Großen Krieg und die Fehler der deutschen Vorkriegspolitik aufzuarbeiten. Vielmehr konzentrierte sich die deutsche Politik völlig auf die Revision der Versailler Bedingungen.

In der Millenniums-Ausgabe des Economist 1999/2000 wird in einem Artikel über den Ersten Weltkrieg geurteilt, dass das letzte Verbrechen in diesem verbrecherischen Krieg der Versailler Vertrag gewesen sei, dessen harte Bedingungen einen weiteren Krieg unausweichlich gemacht hätten. Der deutsche Historiker Gerd Krumeich formulierte es so: "*Der Krieg in den Köpfen*" wurde in Versailles nicht beendet, weshalb der Frieden eine Illusion blieb.

Zwischenfazit Kaiserreich

Das Deutsche Reich unter Wilhelm II. gab die defensive Haltung von Moltke des Älteren auf, da von Schlieffen einen Sieg versprach, statt nur den Erhalt des mit der Reichseinigung von 1871 unter Bismarck erreichten Status Quo.

Ressourcen flossen nun verstärkt in den Bau von Schlachtschiffen, die Kaiser Wilhelm II. gern als seine "Lieblinge" bezeichnete und die den deutschen weltpolitischen Anspruch auf einen "Platz an der Sonne" unterstützen sollten. Dieser Flottenausbau wiederum war der Grund für die wachsende Rivalität mit dem britischen Empire, der damals größten Seemacht.

Die für den Flottenausbau investierten Ressourcen entsprachen ungefähr zwei Armeekorps, die aufzustellen für eine Landmacht im Zentrum Europas sinnvoller gewesen wäre, als aus Prestigegründen eine kostspielige Flotte zu betreiben. Zumal mit zwei zusätzlichen Armeen der Schlieffenplan kaum hätte scheitern können. Allerdings war nicht allein des Kaisers Leidenschaft für Kriegsschiffe der Grund, warum das Heer nicht weiter vergrößert wurde. Der deutsche Adel war ebenfalls dagegen, da somit mehr Bürgerliche in den Offiziersstand hätten aufgenommen werden müssen, um den Bedarf an Offizieren im Heer zu decken. Bis dahin waren die höheren Offiziersränge primär dem Adel vorenthalten. Es war also auch der aristokratische Hochmut, der am Ende der deutschen Monarchie den Kragen kostete.

Der Historiker Niall Ferguson schrieb, dass im Falle eines deutschen Sieges das Ergebnis nicht eine vorgezogene Europäische Union gewesen wäre, sondern ein System, das sich nur nach vermeintlichen deutschen Interessen gerichtet hätte. Bethmann selbst schrieb am 16. September 1914, dass sich der angestrebte Wirtschaftszusammenschluss *"nicht auf Basis einer Verständigung gemeinsamer Interessen, sondern nur bei einem eventuell von uns zu diktierenden Frieden unter dem Druck politischer Überlegenheit"* erreichen lasse.

Somit kam es wie es kommen sollte. Die europäischen Monarchien fielen wie morsche Kartenhäuser in sich zusammen.

Militärisch hatten zwar die Mittelmächte eine Chance auf den Sieg, den sie jedoch aus Hochmut und Unterschätzung der Gegner verspielten. Es wäre weniger tragisch, wenn nicht aus dieser Niederlage mit dem 2. Weltkrieg eine noch schlimmere Katastrophe erwachsen wäre.

Vielleicht hätte 1916/17 ein Kompromissfrieden ein Gleichgewicht in Europa hergestellt, aus dem ein langfristiger Frieden erwachsen wäre. Damals tobte der Krieg bereits seit zwei Jahren und hatte schon Hunderttausende Opfer gefordert. Unter solchen Bedingungen einen Frieden ohne Sieger zu schließen, ist jedoch innenpolitisch schwer zu vertreten. Wäre es dennoch gelungen, hätte der Große Krieg für eine Zeitenwende stehen können. Nach einem Krieg mit solchen Opfern, der in einem Patt ohne Sieger mündet, wäre es nahezu unmöglich gewesen wäre, einen neuen Krieg zu entfachen. Krieg wäre kein politisches Instrument mehr, da die Kosten um ein Vielfaches höher wären, als ein eventueller Ertrag. Die Vision des britischen Publizisten Norman Angell aus seinem 1910 erschienenen Buch "*Die große Illusion*" wäre wahr geworden, dass ein Krieg in einer derart wirtschaftlich vernetzten Welt schlicht und einfach unrentabel ist.

Im französischen Roman "Das Feuer" von Henri Barbusse, das ähnlich dem deutschen Roman "Im Westen nichts Neues" den 1. Weltkrieg aus Sicht eines einfachen Soldaten beschreibt, findet sich dazu allerdings eine gegenteilige Aussage:

> "*Den Kriegen ein Ende setzen, denken sie.*
> *Kann man den Gewittern ein Ende setzen?*"
> *Das Feuer, Henri Barbusse*

Exkurs: Ludendorffs Dolchstoßlegende

Ludendorffs Einfluss auf die deutsche Geschichte hat nicht nur einen militärischen Anstrich. Er war auch ein vom völkischen Denken durchdrungener Nationalist. In den eroberten Ost-Gebieten wollte er Deutsche ansiedeln. 1915 schrieb er: *„Hier gewinnen wir die Zuchtstätten für Menschen, die für weitere Kämpfe nach Osten nötig sind"* (vgl. Manfred Nebelin, Ludendorff. S. 194).

Für Ludendorff kam daher nur ein Siegfrieden in Frage. So zögerte er den Verhandlungsfrieden in der Hoffnung eines Sieges so lange hinaus, bis militärisch nur noch eine Kapitulation möglich war. In der Frühjahrsoffensive 1918 wurden die letzten Reserven des deutschen Heeres aufs Spiel gesetzt und verheizt, statt sich in den Gräben einzuigeln und einen Kompromiss Frieden auszuhandeln. Auch wenn die Alliierten anfingen, erste Panzer (Tanks) einzusetzen, war die Defensive im Grabenkrieg der Offensive nach wie vor überlegen.

Der unbedingte Wille zum Sieg führte in eine Sackgasse und am 29. September 1918 forderte Ludendorff die Reichsregierung auf, innerhalb von 24 Stunden Verhandlungen für einen Waffenstillstand aufzunehmen, ansonsten drohe eine militärische Katastrophe. Ein sofortiger Waffenstillstand war der einzige Weg, die Ehre des Militärs zu retten, was Ludendorff aus narzisstischen Gründen wichtig war. Den schändlichen Frieden sollten die Zivilisten machen. Das Deutsche Reich erhielt eine parlamentarische Regierung und die Regierungsverantwortung wurde der SPD übertragen. Damit wurde die Soziale Arbeiterpartei zwar endlich zur Regierungspartei, zugleich lief sie jedoch in die Falle, die Ludendorff ausgelegt hatte. Der SPD fiel die Aufgabe zu, die Niederlage auszuhandeln (die Ludendorff verursacht hatte), obwohl das Heer (noch) unbesiegt war. Die Dolchstoßlegende war geboren.

Statt sich der Revolution entgegenzustellen, die der Matrosenaufstand in Kiel ausgelöst hatte, floh der Kaiser um seine Sicherheit besorgt ins holländische Exil, wo er fortan als Holzfäller von Gottes Gnaden seinen eigenen Frieden suchte. Es wäre interessant zu wissen, was geschehen wäre, wenn Wilhelm II. Anfang November nach Berlin zurückgekehrt wäre. Allerdings ohne den Beistand der Truppen, die nicht mehr für ihn kämpfen mochten und sich größtenteils auflösten bzw. selbst demobilisierten. Die Revolution hatte die Macht des Kaisers weggespült, auch weil der US-Präsident Wilsons in seinem 14-Punkte-Plan als Voraussetzung für einen Waffenstillstand seine Abdankung gefordert hatte. Sein Amt (entgegen seiner Person) besaß jedoch noch etwas Aura und Autorität, um mäßigend bzw. stabilisierend auf die Massen einwirken zu können. Mit seiner Flucht trug er allerdings selbst die deutsche Monarchie zu Grabe. Schlimmer noch: Er hinterließ ein Vakuum, dass Hitler zu füllen wusste.[23]

In den Wirren der Revolution erhielt der SPD Parteivorsitzende Friedrich Ebert das Amt des Reichskanzlers. Er nutze es jedoch nicht, um eine sozialdemokratische Republik aufzubauen. Aus Sorge um Ordnung und Stabilität paktierte er mit den Eliten des Kaiserreichs, die eigentlich von der Revolution gestürzt werden sollten. Das Ergebnis war eine schleichende Gegenrevolution. Bis zum Sommer 1919 wurden die im November 1918 gegründeten Soldaten- und Arbeiterräte von den neu aufgestellten Freikorps bekämpft und aufgelöst. Grund hierfür war auch die Angst der Deutschen vor Enteignungen und Exekutionen, wie sie nach der Revolution in Moskau bekannt geworden waren.

---

[23] Vgl. Sebastian Haffner. Die Deutsche Revolution 1918/1919. S. 94

Eine bolschewistische Diktatur drohte in Deutschland 1918 jedoch zu keinem Zeitpunkt. Anders als Lenin fehlten den deutschen Kommunisten Karl Liebknecht und Rosa Luxemburg eine organisierte und schlagfertige Partei. Nichtsdestotrotz wurden beide 1919 von Angehörigen der Freikorps exekutiert.

Ludendorff hatte im April 1917 die Destabilisierung des Zarenreiches mit ca. 5 Millionen Reichsmark und einem Bahnticket, das den russischen Berufsrevolutionär Lenin aus der Schweiz in einem verdunkelten Waggon über Deutschland nach Russland brachte, initiiert. Die Schrecken der folgenden russischen Oktober-Revolution strahlten zurück bis nach Deutschland und schürten die Angst vor dem Bolschewismus.

Der SPD-Pateivorsitzende Friedrich Ebert wurde in der Nationalversammlung vom 19. Januar 1919 zum ersten Reichspräsidenten der neuen Weimarer Republik gewählt. Er fühlte sich nun ausreichend legimentiert, um sich gegen die Revolution zu stellen, die überhaupt erst eine parlamentarische Regierung mit der SPD an der Spitze ermöglicht hatte. Er übersah in seiner Angst vor der radikalen Linken die Gefahr, die von rechts drohte. Auch wenn die Freikorps im Auftrag der neugegründeten Republik die Soldaten- und Arbeiterräte auflösten, so verabscheuten diese doch größtenteils die Demokratie und wünschten sich wieder einen autoritären Staat. Diese rechte Gefahr sollte sich zum ersten Mal 1920 im gescheiterten Kapp-Putch entladen. Als Friedrich Ebert 1925 im Alter von 54 unerwartet früh starb, wurde der konservative Paul Hindenburg zu seinem Nachfolger als Reichspräsident gewählt. Nur sieben Jahre nach Ende des Großen Krieges waren trotz Revolution wieder dieselben Personen an der Macht, die schon während des Krieges das Sagen gehabt hatten.

3. Akt - Von Versailles nach Weimar 1919 - 1933

Nach dem Sturz Napoleons verhandelten die Siegermächte 1815 zusammen mit den Besiegten im Wiener Kongress und schufen eine Nachkriegsordnung, die fast hundert Jahre Bestand hatte. Warum war dies in Versailles nicht gelungen? Warum wurde Deutschland von den Verhandlungen ausgeschlossen? War der Vertrag von Versailles ein weiteres Verbrechen nach einem verbrecherischen Krieg oder das zwangsläufige Finale einer Tragödie? Der Autor Eckart Conze bringt es in seinem Buch *"Die große Illusion: Versailles 1919 und die Neuordnung der Welt"* wie folgt auf den Punkt:

"Über 20 Millionen Tote forderte der Krieg, Soldaten und Zivilisten. Konnte vor solchem Hintergrund das Kriegsende die Stunde der Versöhnung und des Ausgleichs sein? Konnte man in dieser Stunde von den Siegern Mäßigung und Zurückhaltung erwarten und von den Verlierern eine Anerkennung ihrer alleinigen Schuld? Und hätte eine solche Anerkennung von Schuld oder Verantwortung zu einem anderen Frieden geführt, zu einem Frieden insbesondere, zu dem Frankreich bereit gewesen und der in Deutschland akzeptiert worden wäre?"

Der erste moderne Krieg hat mit der Industrialisierung des Tötens zu einer Entmenschlichung geführt, von der man sich in den Verhandlungen in Versailles nur schwer lösen konnte. Somit wurde es kein Frieden im Format des Wiener Kongresses, sondern ein gescheiterter Versuch, die Vorkriegsordnung wiederherzustellen und dem vermeintlichen Aggressor Deutschland kräftig die Flügel zu stutzen.

Die Weimarer Republik hatte mit den Bedingungen von Versailles eine schwere Hypothek zu tragen. Die Revision dieses Vertrags war daher das primäre und einzige Ziel, auf das sich alle politischen Parteien der jungen Demokratie einigen konnten. Die Forderungen ließen sich in drei Punkten zusammenfassen:

1. Wirtschaftlich:
   Reparationszahlungen auszusetzen, damit die deutsche Wirtschaft wieder Fahrt aufnehmen kann.

2. Territorial:
   Wiederherstellung der Hoheit über das entmilitarisierte linke Rheinufer, Korrektur der Ostgrenze unter Beachtung der deutschen Minderheiten und Vereinigung mit Österreich.

3. Militärisch:
   Aufhebung der Begrenzung der Reichswehr auf 100.000 Soldaten und militärische Aufrüstung.

Abb. 10: Deutschland nach Versailles
Zoom-Ansicht auf www.makinghistory.de/map7

Das Nachbeben von Versailles

Die Demokratien hatten sich im 1. Weltkrieg gegen die Monarchien Europas behauptet. Die Siegermächte waren sich in ihren Forderungen uneinig und die besiegten Nationen wurden erst gar nicht zu den Verhandlungen eingeladen. Die USA zog sich enttäuscht vom "alten Europa" in eine Politik der Isolation zurück. In den Nachfolgestaaten des österreichisch-ungarischen Vielvölkerstaats etablierten sich bald autoritäre Regierungen, die untereinander nationale Konflikte auslebten. In diesen desolaten Zeiten warf der rote Stern Moskaus einen langen Schatten auf Europa. In den meisten

Staaten entstanden sozialistische Parteien, die sich direkt oder indirekt an der Sowjetunion orientierten und mit ihren Parolen die Stabilität der Demokratien gefährdeten.

> *"Und wenn die Demokratien angeblich Werte wie Freiheit, Menschenwürde und nationale Selbstbestimmung verkörperten, höhnten die Kommunisten, wieso hatten sie dann den halben Erdball in Kolonien aufgeteilt, wo von Freiheit und Würde wenig und von Selbstbestimmung nichts zu sehen war."*
>
> *1941. Der Angriff auf die Welt.*
> *Joachim Käppner, S. 69*

Die Proletarier aller Länder waren empfänglich für die kommunistische Idee, da sie die Befreiung von der kapitalistischen Ausbeutung versprach. Die Kapitalisten befürchteten wiederum den Verlust ihrer Macht und suchten nach einer starken Hand, die ihr Eigentum vor den Kommunisten beschützen würde.

Revision

Um sich der Reparationszahlung zu entledigen, wurde von der deutschen Regierung in den Jahren 1919 bis 1923 zuerst eine trabende, dann eine galoppierende Inflation in Kauf genommen. Deutschland sollte als zahlungsunfähig angesehen werden. Diese Hyperinflation zerstörte das gesparte Vermögen der Bürger und schwächte den Mittelstand. Laut Stefan Zweig hat nichts das deutsche Bürgertum so reif für Hitler gemacht, wie die Inflation von 1919 bis 1923.

"Sie waren in den Großen Krieg gezogen mit fröhlichen Liedern, um sich den Sieg abzuholen, wie ein Sportabzeichen. Es lief anders [...] und vier Jahre später war der Krieg verloren. [...] Die Wut hatte begonnen, zum guten Ton zu gehören. [...] Die Inflation, die Kriegsniederlage, die Arbeitslosigkeit, die Reparationen, die Ultimaten, die Besetzung des Rheinlands, der Aufstand in Oberschlesien, der latente Bürgerkrieg in Deutschland - wer war schuld?"
Thomas Hüetlin. Spiegel Nr. 6/2022. S.118

Die Wut richtete sich gegen die jüdischen Mitbürger. Der Mord an dem charismatischen Außenminister Walther Rathenau am 24. Juni 1922 war der vorläufige Höhepunkt eines um sich greifenden Antisemitismus.

Gustav Stresemann übernahm 1923 das Außenministerium und wurde zu einer treibenden politischen Figur der Weimarer Republik. Er war bestrebt, die Beziehungen mit Frankreich zu verbessern und somit die harten Bedingungen des Versailler Vertrags schrittweise zu revidieren. Frankreich war jedoch unnachgiebig und besetzte sogar 1923 kurzweilige das Ruhrgebiet, als die Reparationszahlungen nicht rechtzeitig erfolgten.

Im Vertrag von Locarno vom Oktober 1925 gelang eine teilweise Revision, was der erfolgreichen Außenpolitik Stresemanns zu verdanken war. Dennoch war er selbst später skeptisch und betrachtete die erreichten Ziele kurz vor seinem Tod als nicht ausreichend, um eine dauerhafte Stabilität zu schaffen.

„Wenn ihr [die Siegermächte] mir nur ein einziges Zugeständnis gemacht hättet, würde ich mein Volk überzeugt haben [...] Ich könnte es heute noch. Aber ihr habt nichts gegeben, und die winzigen Zugeständnisse, die ihr gemacht habt, sind immer zu spät gekommen [...] Die Zukunft liegt in den Händen der jungen Generation. Und die Jugend Deutschlands, die wir für den Frieden und für das, neue Europa hätten gewinnen können, haben wir beide verloren. Das ist meine Tragik und eure Schuld."

Gustav Stresemann, 1930

Die Weltwirtschaftskrise, ausgelöst durch einen Börsencrash in New York im Oktober 1929, hatte zur Folge, dass die USA ihren Wiederaufbau-Kredit an die Weimarer Republik einfror. Die Grundlage einer langsamen Erholung der deutschen Wirtschaft fiel damit plötzlich weg. Des Weiteren wurde die wirtschaftliche Situation durch den folgenden angloamerikanischen Protektionismus weiter verschärft. Wie in einer Krise üblich, dachte jeder Staat zuerst an seine eigenen, nationalen Interessen.

Die Regierung unter Heinrich Brüning nutzte den weltweiten Einbruch der Wirtschaft, um eine Deflation zu befeuern. Ziel war es, Deutschland so arm zu machen, dass jegliche Forderungen nach Reparationszahlung absurd erscheinen würden. Die Deflationspolitik war nach der Inflation Anfang der zwanziger Jahre die zweite soziale Katastrophe der Weimarer Republik. Im Jahre 1931 wurden die Reparationszahlungen vom US-Präsidenten Hoover aufgehoben - bis auf eine letzte Abschlagszahlung, die aber nie erfolgte.

Die sozialen Krisen der Weimarer Republik waren direkte Konsequenzen des Versailles Vertrages. Sie wurden jedoch innenpolitische befeuert, da man Inflation und Deflation zu Instrumenten einer Revision des Versailler Vertrages gemacht hatte - jedoch auf Kosten der Bevölkerung. Dies ist insofern besonders hervorzuheben, da eben diese sozialen Missstände das Vertrauen der Bürger in die junge Demokratie grundlegend erschütterten.

Die Wiederbewaffnung wurde unter dem Kanzler von Schleicher im Dezember 1932 auf der Genfer Abrüstungskonferenz ermöglicht. Die Teilnehmer der Konferenz wurden mit dem Argument, dass die Westmächte ebenfalls auf das Maß von Deutschland (max. 100.000 Soldaten in der Reichswehr) abrüsten müssten oder aber ihnen das gleiche Rüstungsmaß wieder zusprechen sollten, überzeugt.

Ende 1932 hatte die Weimarer Republik zwei Ziele in Bezug auf die Revision des Versailles Vertrag erreicht: Die Aufhebung der Reparationszahlungen, die eigentlich bis 1981 vorgesehen waren sowie die Aufhebung der Beschränkung der Reichswehr auf 100.000 Mann. Der Preis für das erste Ziel waren Instabilität und ein tiefes Misstrauen der Deutschen gegenüber der Republik, die sämtlichen Vermögenswerte ihrer Bürger liquidiert hatte, um die Reparationszahlungen aussetzen zu können. Die Wiederbewaffnung fiel dem nächsten Reichskanzler in den Schoß, der sie prompt nutzte, um ein Aufrüstungsprogramm einzuleiten. Dieser gebürtige Österreicher, der als Gefreiter im 1. Weltkrieg im Deutschen Heer gedient hatte, übernahm im Januar 1933 die Macht und sollte alsbald das Ende der Republik einleiten.

Staatsstreich

Sebastian Haffner spricht in seinem Buch "Von Bismarck bis Hitler" (S. 214) von einem Staatsstreich, den die Konservativen - zu denen unter anderem von Hindenburg, von Schleicher, Heinrich Brüning gehörten - in den Jahren ab 1928 planten. Ziel war die Restaurierung der Monarchie in Deutschland. Dabei wurde im ersten Schritt die demokratische Republik in eine präsidiale Republik umgewandelt. Somit konnte der Reichspräsident von Hindenburg auch ohne das Parlament umfassend regieren, da er notfalls den Reichstag auflösen konnte. Dies tat er auch im Juli 1930, wobei in den Neuwahlen im September 1930 die NSDAP plötzlich die zweitstärkste Partei wurde, obwohl sie vorher nur die Rolle einer Splitterpartei eingenommen hatte. Wieso erhielt die NSDAP plötzlich so viel Zulauf?

- Wirtschaftliche Not durch Inflation (ab 1919) und Deflation (ab 1929) und die Weltwirtschaftskrise.
- Wiedererstarkter Nationalismus, den keiner so laut propagierte wie die NSDAP. In Krisenzeiten erlebten Ausgrenzung und Besinnung auf Gemeinschaft eine Renaissance.
- Hitler als starke Führungspersönlichkeit erfüllte die Sehnsucht der damaligen Deutschen nach einem starken Mann, der dem Chaos und Elend der Weimarer Republik ein Ende setzt.

Als nun die Konservativen aufgrund der Wahlergebnisse nervös wurden, ließ von Hindenburg den Reichkanzler Heinrich Brüning fallen und ersetzte ihn durch von Papen, der den Staatsstreich zeitnah initiieren sollte.

Ende Juli fanden Neuwahlen statt und nun wurde die NSD-AP mit 37% sogar zur stärksten Partei. Dieser Reichstag von Juli 1932 konnte keine regierungsfähige Mehrheit bilden. Die Kommunisten auf dem linken und die Nationalsozialisten auf dem rechten Flügel hätten zwar eine Mehrheit bilden können, aber schwerlich eine Koalition. Deshalb ließ von Papen den Reichstag direkt wieder auflösen, wobei ihm noch vorher von einer überwältigenden Mehrheit im Reichstag das Misstrauen ausgesprochen wurde. Indem er trotzdem den Reichstag auflösen ließ, handelte er verfassungswidrig, da dieser Schritt einem Reichskanzler, dem das Vertrauen entzogen worden war, laut Verfassung untersagt war.

Von Papen galoppierte weiter auf den konservativen Staatsstreich zu, jedoch war es nun von Schleicher, der ihn zu Fall brachte. Das Problem einer Restaurierung der Monarchie war nämlich der fehlende Thronanwärter. Der alte Kaiser und dessen Dynastie hatten mit ihrer Flucht ins holländische Exil diskreditiert und ein anderer Kandidat war nicht in Sicht. Von Schleichen merkte, dass sich das Zeitfenster für eine Restaurierung der Monarchie mittlerweile geschlossen hatte und wollte nun - ähnlich wie in Italien - ein faschistisches System etablieren. Die Regierungsmacht wollte er aber nicht allein der faschistischen NSDAP überlassen. Er versuchte daher, die Partei zu spalten, indem er nur einen Teil der NSDAP in die neue Regierung einbinden wollte. Dies gelang ihm jedoch nicht, da sich der linke Flügel der NSDAP unter der Führung von Gregor Strasser nicht von der Partei abspalten ließ.
In den wenigen Monaten als Reichskanzler konnte von Schleichen keine regierungsfähige Mehrheit zusammenbekommen. Nun bat er seinerseits im Januar 1933 den Reichspräsidenten von Hindenburg den Reichstag aufzulösen.

Dies verweigerte ihm aber Hindenburg und griff stattdessen auf von Papen zurück. Dieser hatte die Idee, Hitler in die neue Regierung einzubinden, damit eine Mehrheit im Reichstag zustande kommen konnte. Hitler bestand auf das Amt des Reichskanzlers, um bei dem Deal mitzumachen. Von Papen sagte zu und nah die Rolle des Vizekanzlers ein. Er glaubte, Hitler "einrahmen" und kontrollieren zu können. Auf die Frage eines Kritikers, warum er Hitler an die Macht gebracht hat, antwortete von Papen: *"Sie irren sich, wir haben ihn engagiert."*

Die Konservativen hatten den Weg für einen Staatsstreich bereitet und Hitler nutzte ihn für seine persönliche Machtergreifung.

Machtergreifung

Von Schleicher wollte einen Faschismus ohne Hitler und deshalb die NSDAP spalten, was ihm nicht gelang. Von Papen wollte die NS-Partei instrumentalisieren, wurde jedoch selbst von Hitler überrumpelt. Hitler wurde von den reaktionären und konservativen Eliten indirekt inthronisierten. Der Zeitgeist der Weimarer Republik war an autoritäre Strukturen sowie eine Herrscherfigur gewohnt. Deshalb sollte die Republik liquidiert und durch ein autoritäres System ersetzt werden. Allerdings geschah dies nicht wie ursprünglich geplant durch eine Restauration der Monarchie, sondern durch einen nationalsozialistischen Führerstaat.

Hitler zementierte zügig seine Macht, nachdem er am 30. Januar 1933 Reichskanzler geworden war. Die Brandstiftung im Reichstag am 27./28. Februar 1933 wurde den Kommunisten in die Schuhe geschoben, weshalb die Ermächtigungsgesetze zum "Schutz" der deutschen Bevölkerung erlassen wurden. Hitler leitete nur wenige Wochen nach Ernennung zum Reichskanzler die absolute Machtergreifung ein und ging dabei skrupellos vor. Am 30. Juni 1934 wurde Kurt von Schleicher von den Nazis ermordet.

1983 schrieb Robert Skidelsky, der als Biograph des Ökonomen John Keynes bekannt wurde, dass Hitler wahrscheinlich nicht an die Macht gekommen wäre, wenn man 1919 - wie von Keynes postuliert - Deutschland einen vor allem wirtschaftlich milderen Frieden gewährt hätte. Sogar Hitlers Gegner reagierten zurückhaltend auf dessen aggressive Außenpolitik, weil sie es für legitim hielten, dass sich Deutschland aus den "Ketten von Versailles" befreite.

Was waren die Gründe für den Faschismus in Europa?

1. Die Angst der Eliten vor dem Kommunismus.
2. Revisionistische Bestrebungen in Deutschland nach dem Versailler Vertrag.
3. Verletzter Nationalstolz und Dolchstoßlegende in Deutschland.
4. Italien fühlte sich als Sieger-Nation ebenfalls vom Versailler Vertrag betrogen.
5. Weltwirtschaftskrise, Inflation und Massenarbeitslosigkeit.
6. Auch die spanische Wirtschaft hatte im 1. Weltkrieg und den folgenden Krisen gelitten.

Im Kontext dieser ungünstigen Rahmenbedingungen konnte das NS-Regime in Deutschland die Macht ergreifen. Vor der Wirtschaftskrise handelte es sich bei der NSDAP nur um eine Splitterpartei. Während es in Italien noch einen König und in Spanien eine starke katholische Kirche als Gegengewicht gab, existierte in Deutschland keinerlei Institution, die sich dem Willen Hitler entgegenstellen konnte.

Der europäische Faschismus kam in der Übergangsphase von der Monarchie zur Demokratie an die Macht. Nachdem sich die Monarchie im 1. Weltkrieg selbst zu Grabe getragen hatte, blieb ein autoritäres Vakuum zurück, das eine Demokratie nur ungenügend ausfüllen konnte. Es hätte Stabilität und Wohlstand gebraucht, um einer Demokratie den nötigen Glanz und Reiz zu verleihen, um sie als erhaltungswürdig zu erachten. Die Weimar Republik kannte jedoch nur Chaos und Krisen.

Der Nationalsozialismus scheint eine rein deutsche Form des Faschismus gewesen zu sein. Die Unterschiede liegen in der ideologischen Grundausrichtung. Während der Faschismus eher zwischen unterschiedlichen "Ständen" in Wirtschaft und Gesellschaft differenziert, galt im Nationalsozialismus ein völkisch-rassisches Konzept. Der Faschismus betont weder den Rassismus noch den Antisemitismus in einer Weise, wie es Hitler und seine Clique taten. Den Vernichtungswillen gegen ganze Bevölkerungsgruppen und die mystische Verklärung einer Vorsehung kannte der Faschismus Italiens nicht.

Die Wurzeln des Nationalsozialismus - der Alldeutsche Verband

Die Wurzeln des Nationalsozialismus reichen ins Kaiserreich zurück. Der 1891 gegründete Alldeutsche Verband unter Heinrich Claß propagierte antisemitische und expansionistische Ideen, derer sich Hitler später bedienen sollte - quasi als Bausatz für sein nationalsozialistisches Programm. Der Sozialdarwinismus als Grundidee des Nationalsozialismus ist in England entstanden. Dort und in den USA wurde jedoch das Prinzip des "survival of the fittest" auf den kapitalistischen Markt übertragen. Der Alldeutsche Verband lenkte das Thema auf einen vermeintlichen "Kampf der Völker".

Laut des Historikers Andreas Wirsching läge der Grund hierfür an der späten Entstehung eines deutschen Nationalstaats. Während Frankreich und England eine lange Tradition als etablierte Nationalstaaten hatten, stellte der Alldeutsche Verband die Frage, wie mit den deutschen Minderheiten im Ausland umzugehen sei und Grenzen entsprechend verschoben werden müssten, um alle Deutschen ins Reich aufzunehmen. Während sich also die sozialdarwinistische Definition im angloamerikanischen Raum an der Frage des wirtschaftlichen Überlebens orientierte, ging es im deutschsprachigen Raum um das Überleben von Völkern und Rassen.

Der Historiker Andreas Wirsching sagte in diesem Kontext:

> *"...die Bühne, die Hitler 1919 betreten hat, gab
> es schon vor ihm. Und auch das Publikum war schon da."*
> *Andreas Wirsching, Spiegel Interview (Nr. 23/2021)*

Der deutsche Drang nach Osten

Nachdem 1922 im Vertag von Rapallo zwei Verlierer des 1. Weltkriegs eine enge Zusammenarbeit vereinbarten, blühte der wirtschaftliche und kulturelle Austausch zwischen der Weimarer Republik und der Sowjetunion auf. Außerdem durfte die Reichswehr auf sowjetischem Territorium mit Militärgeräten üben, die sie laut Versailler Vertrag gar nicht besitzen durfte (Flugzeuge, Panzer, Giftgas).

Mit der Machtübernahme Hitlers endete diese Zusammenarbeit und die nationalsozialistische Propaganda begann im Osten ein Feindbild aufzubauen. Der Historiker Hans Mommsen prägte hierzu den Begriff der "Kreuzzugspropaganda". Hitler verknüpfe den Antisemitismus mit dem Antislawismus zum Feindbild des "Jüdischen Bolschewismus".

Pogrome gegen Juden gab es schon seit dem Mittelalter, sobald in Notzeiten ein Schuldiger gesucht wurde - wie zum Beispiel beim Ausbruch der schwarzen Pest. Die Slawen-feindlichkeit rührte ebenfalls noch aus dem Mittelalter, als deutsche Siedler zunehmend nach Osten drängten und zuerst die Elbe, dann die Oder überquerten, um die dortigen Slawen entweder zu vertreiben oder zu versklaven. Dabei entwickelte sich ein Überlegenheitsgefühl der Deutschen gegenüber den Slawen. Diese Überheblichkeit gipfelte 1410 in der Schlacht von Tannenberg, als der Deutsche Ritterorder in Erwartung eines leichten Sieges über die Slawen (Polen und Litauer) bereits Ketten für die Gefangenen auf das Schlachtfeld mitbrachte, nur um nach der Schlacht selbst mit eben diesen Ketten gefesselt zu werden. Dies tat aber dem Hochmut keinen Abbruch und spätestens nach der Schlacht von Tannenberg von 1914 galt die „Scharte" von damals als ausgeglichen. Somit fanden Hitlers Ansichten bezüglich der Eroberung von Lebensraum im Osten auch ohne viel Propa-ganda Anklang bei diversen Generälen und Offizieren.[24]

Alternativ wäre es spannend zu wissen, wie Europa aussehen würden, wenn die Zusammenarbeit zwischen Deutschland und der Sowjetunion fortgeführt worden wäre. Ein Krieg gegen Polen wäre trotzdem wahrscheinlich gewesen, denn beide Nationen gönnten den Polen keinen eigenen Staat. Mit Hitler als Staatsoberhaupt gab es allerdings keine Alter-native zu einem Krieg gegen die Sowjetunion. Die Eroberung von Lebensraum im Osten und die Zerstörung des „jüdi-schen Bolschewismus" bestimmten Hitlers Weltbild.

---

[24] Vgl. Begriff "Ideologischer Schulterschluss" von Wolfram Wette. In: Präventivkrieg? Hg. Bianka Pietrow-Ennker. S. 50

Hätte Hitlers Machtergreifung verhindert werden können?

Anfang der 30er Jahre gelang der NSDAP ein Wahlsieg, obwohl sie in den 20er Jahren nur eine Splitterpartei gewesen war. Die Krisen der Weimarer Republik und rüde Wahlkampf-Agitation trieben ausreichend Protestwähler in das rechte Lager. In der letzten, offenen Wahl vom 6. November 1932 verlor die NSDAP wieder Stimmen. Somit hatte sie scheinbar ihren Zenit überschritten und wäre evtl. wieder im historischen Nebel verschwunden, wenn nicht Hitler im Januar 1933 von Papen und von Hindenburg zum Reichskanzler ernannt worden wäre. In nur drei Monaten nach der Machtergreifung hatte Hitler ein totalitäres Regime etabliert, das keine zweite Meinung duldete. Damals erreichte die wirtschaftliche Depression ihren Tiefpunkt. Somit hätte sich die wirtschaftliche Situation unter jeder neuen Regierung nach 1933 verbessert. Wie in einer autoritären Regierung üblich, sorgten Staatsaufträge (Bau der Autobahn) und militärische Aufrüstung für eine gewisse Vollbeschäftigung. In der Propaganda wurde dieses "Wirtschaftswunder" allein als Erfolg des NS-Regimes dargestellt.

Eine gute Gelegenheit, außenpolitisch Hitler Paroli zu bieten wäre ein Widerstand gegen die Besetzung des Rheinlands von 1936 gewesen. Eine französische Division hätte genügt, um die ca. 22.000 deutschen Soldaten aufzuhalten und Hitler politisch völlig zu blamieren. Frankreich wollte aber damals nicht ohne Unterstützung Englands handeln, obwohl das entmilitarisierte Rheinland eine rein französische Forderung in Versailles gewesen war. Laut Sebastian Haffner hätte es auch ohne Hitler "*nach 1933 wahrscheinlich eine Art Führerstaat gegeben. Auch ohne Hitler wahrscheinlich einen zweiten Krieg. Einen millionenfachen Judenmord nicht.*" [25]

---

[25]   Haffner, Sebastian. Von Bismarck zu Hitler. S. 276

4. Akt - Der gerechte Krieg
1933 - 1945

Der 2. Weltkrieg ist nicht ausgebrochen, weil Nationen hineingestolpert sind wie im 1. Weltkrieg, sondern weil sich die Nationalsozialisten berufen fühlten, ihre Ideologie der Welt aufzuzwingen. Hitlers persönlicher Zeitgeist bestand aus einem Ringen der Rassen um Lebensraum. In der Nazi-Terminologie war der "Jüdische-Bolschewismus" der Hauptfeind, den es zu vernichten galt. Auf diesen Kampf richtete Hitler seine Politik aus, die in drei Phasen unterteilt werden kann.

1933 - 1938: Revision des Versailler Vertrags und Wiederherstellung Deutschlands als Großmacht. Quasi der Aufmarsch für seine eigentlichen Absichten: Den ideologischen Krieg gegen den Klassenfeind Sowjetunion und die Eroberung von "Lebensraum".

1939/1940: Irritation wegen der Weigerung Polens, Danzig aufzugeben und eine exterritoriale Autobahn durch den polnischen Korridor zu gestatten. Ohne die Gleichschaltung oder Beseitigung Polens wäre ein Eroberungskrieg gegen die Sowjetunion geographisch kaum möglich gewesen. Daher der Überfall auf Polen, der zum Krieg mit den Westmächten Frankreich und England führt. Nach dem (überraschend) schnellen Sieg über Frankreich und der Erkenntnis, dass eine Invasion Englands nicht möglich ist, Wiederaufnahme des ursprünglichen Plans, Lebensraum im Osten erobern zu wollen.

1941 - 1945: Ideologischer Krieg gegen die UdSSR und Holocaust. Das wahre Ziel des Nationalsozialismus.

1936 – Lebensraum und Kriegsvorbereitung

Die Machtergreifung Hitlers fiel in genau die Phase, in der sich die Wirtschaft der Weimarer Republik langsam erholte. Die negativen Auswirkungen der Weltwirtschaftskrise gingen zurück und staatliche Subventionen sorgten für Lohn und Brot. Diese Verbesserung wurden von den Deutschen fälschlicherweise direkt mit der Machtübernahme Hitlers verknüpft, obwohl tatsächlich die Maßnahmen seiner Vorgänger zu wirken begannen.
Aufgrund der schlechten Ernte des Jahres 1935 ergab sich erneut ein wirtschaftlicher Engpass. Statt wertvolle Devisen auf dem Weltmarkt für die Versorgung der Bevölkerung auszugeben, entschied sich Hitler, die knappen Devisen in die Aufrüstung zu investieren. Das Problem der Versorgung der Deutschen sollte nicht auf dem Weltmarkt gelöst werden, sondern mit "Lebensraum". Mit mehr Agrarfläche und Ressourcen sollte die deutsche Wirtschaft autark werden und nicht – wie im 1. Weltkrieg – durch eine Seeblockade in die Knie gezwungen werden können. Die Vision einer Autarkie entsprach dem sozialdarwinistischen Gedankengut der Nationalsozialisten. Eine Alternative ware ein Wiedereinstieg in den Weltmarkt gewesen. Dafür hätte Hitler jedoch die Währung abwerten müssen, damit deutsche Güter im Ausland günstiger und der Export somit belebt werden würde. Nach

der Erfahrung der Hyperinflation in den Nachkriegsjahren wollte er aber kein Risiko eingehen. Hitler war gerade dabei, seine Macht zu konsolidieren und eine Inflation hätte einen destabilisierenden Effekt gehabt. Der Bedarf an Ressourcen und Rohmaterialien wurde stattdessen durch bilaterale Verträge mit Ländern in Südosteuropa (Rumänien, Ungarn) gedeckt, die sich in deutschen Fertigprodukten bezahlen ließen. Im Kontext einer weiteren Ressourcen-Frage, nämlich der Stahl-Allokation zwischen der Marine und dem Heer, offenbarte Hitler am 5. November 1937 der militärischen und politischen Führung seine Expansionspläne. Überliefert ist hiervon die Hoßbach-Niederschrift mit folgendem Zitat:

„Das Ziel der deutschen Politik sei die Sicherung und die Erhaltung der Volksmasse und deren Vermehrung. Somit handele es sich um das Problem des Raumes. […] Zur Lösung der deutschen Frage könne es nur den Weg der Gewalt geben, dieser niemals risikolos sei. […] Stelle man an die Spitze der nachfolgenden Ausführungen den Entschluss zur Anwendung von Gewalt unter Risiko, dann bleibe noch die Beantwortung der Fragen ‚wann' und ‚wie'."

Hitler, 5. November 1937

Hitler wollte bis spätestens 1943/45 losschlagen. Danach würden anderen Nationen ebenfalls aufgerüstet haben und er selbst sei ggf. schon zu alt, um einen Eroberungskrieg zu forcieren. Sollten soziale Unruhen in Frankreich oder ein anderer Krieg die französische Armee beschäftigen, wäre auch ein Einschreiten vor 1943 denkbar. In jedem Falle müssten seiner Meinung nach vor einem Krieg im Osten Tschechien ausgeschaltet und Österreich absorbiert sein, um die Süd-Ost Flanke des Reiches zu schützen. Somit waren der "Anschluss"

Österreichs am 12. März 1938 sowie die "Zerschlagung" der Tschechoslowakei Hitlers erste außenpolitischen Ziele. Anwesende, die nach dem Vortrag Bedenken zu Hitler Plan geäußert hatten (Außenminister Neurath, Kriegsminister Werner von Blomberg, Chef der Heeresleitung Werner von Fritsch) wurden in den folgenden Monaten ersetzt.

Exkurs – Lebensraum

Lebensraum-Fantasien mit einem sozialdarwinistischen Anstrich wurden schon vom Alldeutschen Verband während der Kaiserzeit propagiert. Als die Reichswehr im 1. Weltkrieg große Gebiete Russlands besetzt hatte, schuf General Ludendorff mit dem Bezirk "Ober-Ost" eine Art Militärstaat und ließ das Gebiet schonungslos ausbeuten. Ludendorff entpuppte sich hierbei als nationalsozialistischer Vordenker, der eine Blaupause für Hitlers Ostpolitik entwarf. Insbesondere seine Definition eines slawischen Chaos, das nur unter deutscher Knute gebändigt werden könne, gab einen ersten Vorgeschmack auf den nationalsozialistischen Herrenmenschen. Ein Freund Ludendorffs wirkte parallel am armenischen Völkermord im Osmanischen Reich mit. Oberst Friedrich Bronsart von Schellendorf soll als Mitglied der deutschen Militärmission in Istanbul eine treibende Kraft bei der Deportation der Armenier 1915/1916 gewesen sein. Den Armenier wurde ebenso die Schuld am desolaten Zustand des Osmanischen Reiches (der kranke Mann am Bosporus) gegeben, wie zwanzig Jahre später der jüdischen Bevölkerung Deutschlands an dem verlorenen 1. Weltkrieg (Dolchstoßlegende). Nach dem bereits erwähnten Frieden von Brest-Litowsk entstand 1918 mit der Ukraine ein unabhängiger Staat, der mit den Mittelmächten separate Friedensgespräche führte, die im sogenannten "Brotfrieden" mündeten.

Die Ukraine, aufgrund ihrer fruchtbaren Böden auch als "Kornkammer Europas" bezeichnet, versprach den Mittelmächten dringend benötigte Lebensmittel zu liefern, im Gegenzug für militärischen Beistand gegen die Sowjetunion. Die nach dem 1. Weltkriegs aus dem Osten zurückkehrenden deutschen Offiziere brachten die Behauptung mit, dass die Slawen ein schwaches Volk seien und auf guten Agrarboden siedelten. Die zukünftigen Nazis hörten sich solche Geschichten gern an. Nachdem Heinrich Himmler den Vortrag des Offiziers Rüdiger von der Goltz mit dem Titel „Finnland, Baltikumfeldzug und Ostfragen" gehört hatte, notierte er am 21. November 1921 in seinem Tagebuch:

> „Das weiß ich bestimmter jetzt als je, wenn im Osten wieder ein Feldzug ist, so gehe ich mit. Der Osten ist das Wichtigste für uns. [...] Im Osten müssen wir kämpfen und siedeln."

Führender Ideologe der Nationalsozialisten war der in Russland geborene Alfred Rosenberg. 1917 erlebte er in Moskau die russische Revolution mit. Das daraus resultierende Chaos zementierte seinen Antisemitismus sowie eine tiefe Abneigung gegenüber dem Bolschewismus. Er wollte zuerst nach England emigrierten, das jedoch seinen Visumantrag ablehnte. So kam er nach München, wo er Hitler kennenlernte. Ab 1920 trugen seine Schriften zu einer Verschärfung der Judenfeindlichkeit in Deutschland bei. Er wurde nach Hitlers Machtergreifung zum „Beauftragten des Führers für die Überwachung der gesamten geistigen und weltanschaulichen Schulung und Erziehung der NSDAP". In dieser Rolle setzte er seine Macht und Befugnisse ein, um den Antisemitismus zu befeuern. In der Polykratie des 3. Reiches wurden ihm dabei keine Grenzen gesetzt.

1938 – Münchner Abkommen und Tschechien

Hitler rechtfertigte seine ersten Expansionsabsichten mit dem Wunsch, alle Deutschen „heim ins Reich" zu holen. Sein Blick fiel als Erstes auf das tschechische Sudetengebiete, in denen überwiegend Deutsche lebten und forderte, dass das Sudetengebiet dem Deutschen Reich angegliedert werden müsste. In der Münchner Konferenz im September 1938 gab der britische Premierminister Chamberlain Hitlers Forderung nach. Im Kontext der Appeasement-Politik wird das Sudetenland dem Deutschen Reich zugesprochen. Chamberlain flog zurück nach London und verkündete, dass mit diesem Abkommen der Frieden in Europa gesichert sei. Die Zerschlagung der Rest-Tschechoslowakei am 15. März 1939 war jedoch ein Bruch eben dieses Abkommens und schockiert die Vertragspartner, die nun einsehen, dass man mit Hitler nicht verhandeln kann. Als direkte Reaktion schlossen England und Frankreich – auf der Suche nach einem (verspäteten) Signal der Stärke – am 30. März 1939 mit Polen einen Beistandsvertrag. Mit der Garantie der polnischen Unabhängigkeit sollen weiteren Forderungen Hitlers Einhalt geboten werden – notfalls mit einer signalisierten Kriegsbereitschaft. Mit dem Bruch des Münchner Abkommens hatte sich Hitler-Deutschland diplomatisch diskreditiert. Warum Hitler dieses diplomatische Risiko trotzdem einging, könnte in der Angst begründet sein, dass die Rest-Tschechoslowakei auf der Suche nach verlässlicheren Verbündeten in das sowjetische Lager hätte wechseln können. Dann hätte das Gebiet wie ein "russischer Flugzeugträger" tief in das deutsche Kernland geragt – ein Alptraum für Hitler. Mit der Schaffung des Protektorats Böhmen und Mähren war die Süd-Ost- Flanke des 3. Reiches gesichert, was die Voraussetzung für sein eigentliches Ziel war: Einen Angriff auf die Sowjetunion.

In seinem Buch "Appeasing Hitler" verurteilt der britische Historiker Tim Bouverie die Appeasement Politik. Der damalige britischen Botschafter Horace Rumbold in Berlin hatte Hitlers "Mein Kampf" gelesen und schickte entsprechende Warnungen vor einer Expansionspolitik des 3. Reiches nach London, die aber wirkungslos blieben. Leider ging er bereits im Juni 1933 in den Ruhestand und somit blieben weitere Warnungen aus, auch weil andere Diplomaten darauf verzichteten, Hitlers Buch "Mein Kampf" zu lesen. Neville Chamberlain Irrtum bestand darin, anzunehmen, dass Hitler ein Politiker war, mit dem man einen Kompromiss verhandeln konnte. Hitler dachte jedoch nicht in Staaten, sondern nur in Rassen.

1939 – Polen und Danzig

Im Versailler Vertrag wurden Polen ehemalige Gebiete des Deutschen Reiches zugesprochen. Einerseits, weil in diesen Gebieten überwiegend Polen (Posen) lebten und andererseits, um dem neugegründeten polnischen Staat einen Zugang zur Ostsee (Westpreußen) zu ermöglichen. Dieser polnische Korridor trennte die Provinz Ostpreußen vom Rest des deutschen Staats. Zugleich lebten nun ca. 700.000 Deutsche als Minderheit im neuen polnischen Staat, was wiederholt zu Spannungen führte. Insbesondere um die Freie Stadt Danzig wurde gestritten, da jede Partei danach strebte, die autonome Hafenstadt in seinen Herrschaftsbereich zu ziehen. Hitler wollte mit einer Reihe von Forderungen (Anschluss Danzigs, exterritoriale Autobahn durch den polnischen Korridor, Volksentscheid in Westpreußen) diese Zustände zu seinen Gunsten verändern. Die Behandlung der deutschen Minderheit in Polen sowie der Verbleib Danzigs hatten zum damaligen Zeitpunkt einen starken Einfluss auf den deutschen

Zeitgeist. Hitler nutzte dies für seine Zwecke - der militärischen Aufrüstung. Mit dem Gesetz zum Aufbau der Wehrmacht vom 16. März 1935 sollte aus der (laut Versailler Vertrag auf 100.000 Mann begrenzten) Reichswehr eine größere und moderne Armee geschaffen werden.

Trotz der Spannungen hatten zu dieser Zeit das 3. Reich und Polen einiges gemeinsam: Die polnische Republik war ein autoritär geführter Nationalstaat mit einem Diktator Józef Piłsudski an der Spitze. Es hatte mit dem Zwischenmeer Konzept eigene imperiale Ziele und war mit der Sowjetunion verfeindet. 1920 konnte ein Vormarsch der Roten Armee erst kurz vor Warschau, beim sogenannten Wunder an der Weichsel, gestoppt werden. Die beiden Diktatoren Hitler und Piłsudski kamen gut miteinander aus und schlossen am 26. Januar 1934 einen polnisch-deutschen Nichtangriffspakt. Anlässlich der Trauerfeier zum Tode Piłsudskis existiert ein etwas unwirklich erscheinendes Foto, das Hitler vor einer polnischen Fahne zeigt.

Abb. 11: Trauerfeier zu Ehren von Józef Piłsudski, der am 12. Mai 1935 verstarb

Die Verhandlungen zur „Lösung aller strittigen Fragen" zwischen Polen und Deutschland begannen im Herbst 1938 und zogen sich in die Länge. Die deutschen Forderungen sind die Wiedereingliederung Danzigs in das Deutsche Reich sowie eine exterritoriale Autobahn durch den polnischen Korridor. Als Gegenleistung sollte die deutsch-polnische Grenze anerkannt werden, was bisher kein Reichskanzler der Weimarer Republik getan hatte. Der deutsch-polnische Nichtangriffspakt würde auf weitere 25 Jahre verlängert werden.

Polen wusste trotz der Gemeinsamkeiten, dass es nach der Preisgabe Danzigs und einer exterritorialen Autobahn durch den polnischen Korridor seine eigenen außenpolitischen Ziele begraben konnte. Es würde als Juniorpartner zu einem Satelliten Deutschlands degradiert werden, ähnlich der Slowakei. Wollte man unabhängig bleiben, musste man sich gegen das 3. Reich behaupten - ähnlich wie es bereits 1920 an der Weichsel gegen die Sowjetunion gelungen war. Zugleich war es illusorisch, sich allein gegen das Deutsche Reich zu stellen, dessen Wirtschaftsleistung 1938 die der meisten europäischen Nationen überragte.

Deshalb zögerte Polen eine klare Antwort hinaus und ging auf die meisten Angebote Hitlers nicht ein – was zwei zusammengefasste Protokolle zeigen:

a) Am 5. Januar 1939 besucht der polnische Außenminister Józef Beck auf dem Berghof Adolf Hitler und zeigt sich überrascht über dessen Forderung, Danzig wieder dem Deutschen Reich anschließen zu wollen. Hitler garantiert den übrigen Grenzverlauf, wenn man sich über den Status Danzigs einig werde. Beck vermeidet es, eine klare Antwort zu geben und verweist darauf, dass die polnische Öffentlichkeit gegen jegliche Änderung des Status von Danzig sei.

b) Am 26. Januar 1939 fliegt der deutsche Außenminister Joachim von Ribbentrop nach Warschau, um Józef Beck zu treffen und wiederholt Hitlers Forderung vom 5. Januar. Beck erwidert, dass er bereit sei, das Angebot zu bedenken, was Ribbentrop als diplomatische Absage versteht.

Hitlers Bruch des Münchner Abkommens befreite Polen aus seiner unbequemen Position, in der es die deutschen Forderungen weder annehmen noch ablehnen konnte. Der polnische Zeitgeist war überzeugt, dass Hitler es nach der Beistandserklärung Frankreichs und Englands nicht wagen würden, anzugreifen. Und falls doch, müsse man lediglich so lange aushalten, bis die Alliierten ihrem Versprechen gemäß zur Hilfe eilen würden. Daher wurden am 23. März 1939 die deutschen Forderungen endgültig abgelehnt.

Polen hatte die Wahl, entweder als Satellitenstaat Nazi-Deutschlands zu enden oder in die Einflusssphäre Stalins zu geraten, der Frankreich und England angeboten haben soll, mit einer Million Soldaten Deutschland angreifen zu können, insofern die Rote Armee durch Polen marschieren dürfe. Ob die Rote Armee sich später auch wieder aus Polen zurückziehen würde, stand auf einem anderen Blatt, und dies war Józef Beck bewusst. Somit entschied sich Polen – eingekeilt zwischen zwei Großmächten – auf die Variante mit dem besten Ausblick und zugleich den geringsten Gewinnchancen: Beiden Nachbar-Großmächten eine Absage erteilen und auf den Schutz der Westalliierten hoffen.

Mit der Garantieerklärung an Polen vom 31. März 1939 zogen die Alliierten eine rote Linie. Hitlers ideologische Ziele (Lebensraum im Osten, Krieg gegen den Jüdischen-Bolschewismus) waren blockiert. Er hatte nun die Wahl sich a) damit abzufinden b) eine günstigere internationale Situation abzuwarten, um die Verhandlungen wieder aufzunehmen oder c) die rote Linie zu überschreiten. Hitlers vom Rassenwahn und Vorsehung besessene Persönlichkeit ließ keine andere Option als c) zu. Er sah sich berufen, den Kampf der Rassen innerhalb seiner Lebensspanne auszuführen.

Der Pakt mit dem Erzfeind

Hitler zog plötzlich eine weitere Option aus dem Hut und wechselte den Kurs. Zur Überraschung der Weltbühne schließt er ein Bündnis mit seinem Erzfeind Stalin, den sogenannten Hitler-Stalin Paket - inklusive eines geheimen Zusatzvertrags, der die vierte Teilung Polens beschließt.

Am 1. September 1939 überfällt die Wehrmacht ohne vorherige Kriegserklärung Polen. Nach einem Ultimatum folgen wenige Tage später die Kriegserklärungen Englands und Frankreichs. Polen muss sich trotz tapferer Gegenwehr und ohne nennenswerte Hilfe der Alliierten nach drei Wochen geschlagen geben. Obwohl im September 1939 an der Westfront 110 alliierte Divisionen gegen 28 deutsche Divisionen stehen, tuen Engländer und Franzosen nichts Signifikantes, um Polen zu helfen. Somit ging Hitlers Wette teilweise auf, dass die Alliierten nicht in den Krieg ziehen würden, wenn er die „rote Linie" überschreitet. Jedoch befindet sich NaziDeutschland nun im Kriegszustand mit den Westalliierten, auch wenn es noch keine nennenswerte militärische Kollision im Westen gegeben hat.

Als Stalin den Osten Polens gemäß des Zusatzprotokolls des Hitler-Stalin-Pakts besetzen ließ, erfolgte keine Kriegserklärung der West-Alliierten an die UdSSR, obwohl dies im Kontext des polnischen Beistandsvertrags eigentlich eine logische Konsequenz gewesen wäre. Als der Krieg 1945 endete, ließen die Alliierten die polnische Exilregierung in London fallen und gewährten Stalin freie Hand in Polen. Somit war die Garantie der Unabhängigkeit Polens nur ein Lippenbekenntnis. Ohne die vermeintlichen Zusicherungen der West-Alliierten im März 1939 wäre Polen eher geneigt gewesen, sich mit NS-Deutschland zu einigen. Die Geschichte hätte eventuell einen anderen Verlauf genommen. Höchstwahrscheinlich jedoch keinen besseren, da die Siegeschancen Hitlers gegen die Sowjetunion mit Polen als Vasall und ohne einen Kriegszustand mit den Westalliierten besser gewesen wären. Daher war die Weigerung Polens, sich den Forderungen Hitlers zu fügen, eine Weggabelung zum Untergang des NS-Regimes. Die von Hitler angestrebte Koalition bzw. eines unter deutscher Führung geführten Kreuzzugs Westeuropas gegen den "jüdischen Bolschewismus" im Osten wurde auf den Kopf gestellt. Plötzlich befand sich Hitler mit dem Westen im Krieg und war mit Stalin, seinem Erzfeind im Osten, verbündet.

1940 – Frankreich und Dünkirchen

Frankreich wollte diesen Krieg nicht. Die Schrecken des 1. Weltkriegs waren in Frankreich noch sehr präsent. Als maßgeblich Verantwortlicher für die harschen Bedingungen des Versailler Vertrags musste es aber früher oder später auch dafür einstehen. Dies hätte Frankreich bereits im März 1936 mit einem Widerstand gegen die Besetzung des Rheinlands tun können und dabei Hitlers Karriere einen gewaltigen

Dämpfer verpassen können. Es hätte eine einzige französische Division in Marsch gesetzt werden müssen, denn die deutschen Soldaten hatten Befehl, bei der geringsten Gegenmaßnahme das Rheinland sofort wieder zu räumen. Die Geschichte wäre sicherlich anders verlaufen. Frankreich wollte aber nicht ohne die Mithilfe Englands eingreifen und in London herrschte die Stimmung, dass Hitler lediglich in seinen eigenen "Vorhof" einmarschiert. Der Zeitgeist in London war gewillt, des Friedens willen einige der harten Bedingungen des Versailler Vertrags zurückzunehmen.

Zu dem Zeitpunkt als Frankreich nach dem Überfall auf Polen im September 1939 dem Deutschen Reich den Krieg erklärte, war die Wehrmacht mittlerweile aufgerüstet und modernisiert. Der sogenannte Sitzkrieg begann. Selbst alliierte Luftangriffe wurden aus Angst vor Vergeltung durch die Luftwaffe verworfen.

Als nun der von Manstein und Guderian ausgearbeitete Sichelschnittplan im Frühjahr 1940 in die Tat umgesetzt wurde, wurden die alliierten Truppen regelrecht überrumpelt. Wie so oft setzte das deutsche Militär alles auf eine Karte. Doch diesmal ging die Wette mit einem schnellen Vorstoß durch die eigentlich unwegsamen Ardennen auf. Zu der damaligen Zeit war die französische Armee eine der größten der Welt. Niemand dachte, die Wehrmacht hätte eine Chance bei einem Frontalangriff. Die französische Armee hatte jedoch zwei Schwächen: 1. Eine veraltete Luftflotte und kaum erfahrene Piloten, um es mit der deutschen Luftwaffe aufnehmen zu können. Und 2. verzichteten die französischen Streitkräfte auf Funk und nutzten für die Kommunikation zwischen Frontlinie und Hauptquartier stattdessen Meldeläufer und Brieftauben – wie im 1. Weltkrieg. Es mangelte ihnen nicht an Funkgeräten, sondern sie befürchteten, dass die Deutschen den Funk abhören könnten und verzichteten deshalb auf diese moderne Technologie. Die mangelnde Geschwindigkeit in der französischen Kommunikation (und somit Koordination) begünstigte den schnellen Sieg der Wehrmacht in Frankreich.

Das britische Expeditionsheer und einige französische Truppen wurden in Dünkirchen eingeschlossen. Hitler ließ die Panzer jedoch anhalten. Die Ausfälle bei Mannschaft und Panzern häuften sich. Zu diesem Zeitpunkt standen die mobilen Angriffsspitzen schon seit Wochen im Dauereinsatz, weshalb eine Pause zwecks Reparatur und Logistik nötig war. Außerdem wurde Hitler nervös, dass die deutschen Streitkräfte den gleichen Fehler begingen, wie im 1. Weltkrieg, als ein zu schneller Vormarsch die Truppen erschöpfte und sich eine Lücke in der deutschen Front auftat, die der Gegner für einen Gegenstoß nutzte.

Es konnte allerdings niemand ahnen, mit welch großem Erfolg die Alliierten Dünkirchen evakuieren würden. In Summe wurden 338.226 Soldaten (85% des britischen Expeditionsheers) unter Zurücklassung der Ausrüstung nach England verschifft. Für die Alliierten ein Sieg in der Niederlage. Einige Jahre später kämpften eben diese Truppen in Afrika, Sizilien und der Normandie gegen Nazi-Deutschland. Es wurde viel darüber spekuliert, ob England den Krieg fortgesetzt hätte, wenn Hitler die Panzer nicht gestoppt hätte und das Expeditionheers in Gefangenschaft geraten wäre. Glaubt man der lesenswerten Biografie, die Sebastian Haffner über Winston Churchill geschrieben hat, hätte er als Premierminister selbst dann keinen Frieden mit Hitler geschlossen.

Der schnelle Sieg über Frankreich vereitelte jedoch die Ausführung eines alliierten Plans, der den Ausgang des 2. Weltkrieges hätte beeinflussen können. Im Gamelin-Plan wollten Franzosen und Briten die sowjetischen Ölfelder in Baku bombardieren, um somit die deutsche Kriegsindustrie zu schwächen.

Im Grenz- und Freundschaftsvertrag vom 28. September 1939 besiegelte nämlich die Sowjetunion die Kooperation mit dem Deutschen Reich und versorgte es mit Rohstoffen. Die Ausführung des Plans war für Ende Juni / Anfang Juli 1940 vorgesehen und die Bomber standen schon bereit. Der deutsche Westfeldzug im Mai machte die Operation obsolet. Ob nach dem geplanten Luftangriff die UdSSR auf Seiten des Deutschen Reiches gegen die Westmächte in den Krieg eingetreten wäre, bleibt offen. Unwahrscheinlich ist es allerdings nicht. Dies hätte es Hitler schwerer gemacht, seine Obsession eines Eroberungskriegs im Osten durchzusetzen.

Battle of Britain

Der Versuch England zu erobern, wurde nach der verlorenen Luftschlacht um England aufgegeben. Die Royal Air Force konnte nicht niedergerungen werden, was jedoch die Voraussetzung für eine maritime Invasion gewesen wäre. Statt sich ausschließlich auf die britischen Landeplätze zu konzentrieren, wurden auch englische Großstädte bombardiert. Das gab der Royal Air Force (RAF) die nötige Zeit, sich zu erholen und die beschädigten Landebahnen sowie Hangar zu reparieren. Des Weiteren konnten die Engländer die verlorenen Maschinen durch eine erhöhte Produktion ersetzen. England war aber von Anfang an nicht das Ziel von Hitlers Lebensraum-Strategie. Somit sah er mit einem zwar verfeindeten, aber isolierten England die Zeit gekommen, sein ursprüngliches Ziel wieder aufzunehmen.
Britische Mathematiker haben ein alternatives Szenario[26] errechnet, demnach die Briten die Luftschlacht um England

[26] Stephen J. Thorne. (22.01.20). *Mathematicians calculate alternative Battle of Britain scenarios.* legionmagazine.com.

verloren hätten, wenn die Luftwaffe ihre Angriffe drei Wochen früher gestartet und sich ausschließlich auf die Landeplätze konzentriert hätte. Es handelt sich jedoch um ein Rechenmodell und nach Clausewitz ist keine Schlacht berechenbar.

Die britische Industrie konnte die Verluste an Flugzeugen ersetzen und da die britischen Piloten nach einem Treffer über ihrer Heimat abspringen konnten, stiegen quasi direkt in eine neue Maschine. Die deutschen Piloten, die rechtzeitig aussteigen konnten, gerieten hingegen in Gefangenschaft.

Das 3. Reich verlor während der Luftschlacht um England laut Statista 1.887 Maschinen, während die Verluste bei der Royal Air Force bei 1.023 Flugzeugen lagen. Drastischer ist jedoch der Unterschied beim Personal: Während die Royal Air Force 544 Piloten verloren hat, sind 2.600 Angehörige der deutschen Luftwaffe gefallen oder wurden gefangen genommen, da insbesondere die deutschen Bomber inklusive einer mehrköpfigen Besatzung abgeschossen wurden. Diese erfahrenen Piloten waren für die Luftwaffe in den folgenden Monaten kaum zu ersetzen.

Luftschlacht um England Juli bis Oktober 1940

	Luftwaffe	Royal Airforce	Verhältnis
Piloten zu Beginn	4.000	1.300	3,1 : 1
- davon gefallen	2.600	544	4,8 : 1
Flugzeuge zu Beginn	3.000	650	4,6 : 1
Flugzeuge zerstört	1.887	1.023	1,8 : 1

Quelle: © Statista 2022

Eine militärische Invasion Englands war schier unmöglich. Es gab zu viele Wetten: Auf das Niederringen der Royal Air Force, auf eine geglückte maritime Invasion usw. Dafür ist Englands geographische Lage als Insel zu ideal. Auf der anderen Seite war ein Verhältnis von ca. 650 englischen Flugzeugen zu über 3.000 Deutschen zu Beginn der Luftschlacht zu verlockend, um die Wette nicht einzugehen. Im Nachhinein wäre es aus rein militärischer Sicht sinnvoller gewesen, die Nachteile einer Insellage ins Auge zu fassen, statt sich mit deren Vorteilen zu konfrontieren. Großbritannien war an zwei Stellen verwundbar:

1. Insel-Lage: Es musste einen Großteil seiner Rohstoffe (den kompletten Erdöl-Bedarf) importieren und die Insellage macht die Versorgungswege angreifbar für U-Boote. Admiral Dönitz begann 1936 mit dem Ausbau der deutschen U-Boot Flottille. Er forderte Ressourcen und Mittel, um ca. 300 U-Boote herzustellen. Mit dieser Anzahl hätte man England signifikant schaden könnten. England war jedoch in Hitlers Weltanschauung nicht der Erzfeind, sondern ein "germanisches Brudervolk", weshalb er eine massive Aufrüstung mit U-Booten für unnötig hielt. Zum Zeitpunkt des Kriegsausbruchs waren somit nur ca. 50 U-Boote einsatzbereit. Nach dem Krieg sagte Churchill, dass die deutschen U-Boote seine größte Sorge gewesen waren.

2. Suez-Kanal: Durch den Suez-Kanal floss ein Großteil der Ressourcen aus den asiatischen Kolonien und Indien. Wäre Suez in feindlicher Hand, müsste der gesamte Schiffsverkehr über die weitaus längere Route um das Kap der Guten Hoffnung geleitet werden. Im Juni 1940 standen nur wenige britische Truppen in Ägypten und die italienischen Kontingente in Libyen waren zahlenmäßig überlegen. Der italienische "Duce" Benito Mussolini prahlte bereits vor Hitler, dass er Ende Juli in Kairo einrücken würde.

Es war wahrscheinlich ein schlechtes Omen, dass der italienische Marschall Balbo, der den Angriff ausführen sollte, mit seinem Flugzeug bei Tobruk versehentlich von eigenen Flak-Geschützen abgeschossen wurde. Sein Nachfolger Marschall Graziani verzögerte den Angriff und gab Mussolini gegenüber immer neue Ausflüchte, warum er den kurzweiligen Vorteil nicht ausnutzen konnte. Hitlers Angebot, deutsche Truppen zur Eroberung des Suez-Kanals zu Verfügung zu stellen, lehnte Mussolini aus Ehrgefühl ab, da er die Schlagkraft der italienischen Truppen unter Beweis stellen wollte. In der Zwischenzeit verstärkten die Briten ihre Truppen in Nordafrika, so dass die Italiener selbst bald unterlegen waren. (Vgl. Ian Kershaw, Wendepunkte, S. 207). Der Autor Joachim Käppner beschreibt in seinem Buch "1941" (S. 116 ff.) sehr anschaulich, dass die Italiener nicht so kriegsbegeistert waren, wie ihr faschistischer Führer Mussolini es gern gehabt hätte.

Außerdem mangelte es an moderner Ausrüstung, weshalb die italienischen Kriegsanstrengungen nicht sonderlich erfolgreich waren. In zwei britischen See-Operationen (Luftangriff auf Tarent am 12. November 1940 und die Schlacht bei Kap Matapan vom 28. März 1941) wurde die italienische Mittelmeerflotte zusammengeschossen, wobei die Briten in Summe drei Flugzeuge verloren. Mussolinis Idee eines "mare nostrum" versank auf dem Meeresgrund des Mittelmeers.

Im Februar 1941 wurde General Rommel nach Afrika geschickt. Er konnte zwar mit seinem Afrikakorps die britische Offensive in Libyen zurückdrängen, jedoch wurden seine Bitten nach weiterer Verstärkung von Hitler ignoriert. Inzwischen plante die Wehrmacht den Überfall auf die Sowjetunion und Afrika war zu einem Nebenkriegsschauplatz geworden.

Churchill setzte den Bestand des britischen Empires ein, um einen Sieg Nazi-Deutschlands zu verhindern.

In der entscheidenden Zeit nach der Kapitulation Frankreichs am 22. Juni 1940 bis Mitte 1941 war er der Einzige, der Hitler Paroli bot. Der Preis dafür war die Umstellung der englischen Exportwirtschaft auf eine Kriegswirtschaft sowie die Ausbeutung der Kolonien. Allein Indien lieferte Unmengen an Rohstoffen und stellte mit über 2 Millionen Soldaten die größte "Freiwilligenarmee" unter britischer Flagge. Nach dem Kriegseintritt der UdSSR und der USA wurde England zum Juniorpartner. Churchills Mittelmeerstrategie, die einen Vorstoß der Alliierten über Italien nach Süddeutschland vorsah, scheiterte am zähen Widerstand der Wehrmacht bei Monte Cassino und wurde von den USA zugunsten einer Landung in der Normandie aufgegeben. Das Interessante an der Mittelmeerstrategie ist, dass sie bei Gelingen auch ein Vordringen der Roten Armee nach Mitteleuropa verhindert hätte[27]. England ging zwar als Sieger aus dem 2. Weltkrieg hervor, hatte aber dafür seine Wirtschaft nachhaltig ruiniert und das britische Kolonialreich destabilisiert. 1947 erklärte sich Indien, das britische Kronjuwel unter den Kolonien, für unabhängig.

1941 – Krieg gegen die Sowjetunion

Stalin hatte die Bedingungen des Hitler-Stalin Pakts akribisch erfüllt. Bianka Pietrow-Ennker schreibt in ihrem Buch "Präventivkrieg? S. 88", dass die Sowjetunion Ende 1940 sogar einen Beitritt zum Dreimächtepakt, eines gegen Großbritannien gerichteten Kontinentalblocks unter Beteiligung von Deutschland, Italien und Japan, ernsthaft in Betracht zog. Deshalb befand sich der sowjetische Außenminister Molotow

---

[27] Vgl. Haffner, Sebastian. Winston Churchill. S. 156

vom 12. bis zum 14. November 1940 zu Sondierungsgesprächen in Berlin. An zwei Punkten fuhren sich allerdings die Gespräche fest: Stalin wollte Finnland in die Sowjetunion eingliedern und die Türkei aufspalten.[28]

Molotov reiste wieder ab und die Klärung der offenen Punkte wurde vertagt, jedoch bekam der Kreml keine Antwort mehr auf seine Forderungen aus Berlin, da dort am 18. Dezember Hitlers "Weisung Nr. 21" für die Vorbereitung eines Überfalls auf die UdSSR erging. Stalins Ziel war es, im Krieg neutral zu bleiben und von einer Neuordnung in der Nachkriegszeit zu profitieren. Aus der Neutralität heraus konnte die Sowjetunion expandieren (Bessarabien, baltische Staaten, Ostpolen), da die anderen Großmächte zu abgelenkt waren, um intervenieren zu können.

Ebenso wusste er, dass die Rote Armee 1941 der siegreichen Wehrmacht nicht gewachsen war. Die politischen Säuberungen hatten die Roten Armee nachhaltig geschwächt, der es nun an kampferprobten Offizieren fehlte. Im Winterkrieg von 1939/40 gegen Finnland wurden die Schwächen der Roten Armee überaus deutlich, als ein sowjetischer Überfall auf Finnland in einer militärischen Blamage endete.

Für Hitler war die Sowjetunion das ideologische Gegenbild zu seiner nationalsozialistischen Bewegung. In seiner monokausalen Gedankenwelt konnte nur eine Ideologie und auch nur eine Rasse überleben. Daher war ein Vernichtungskrieg gegen die UdSSR Hitlers primäres Ziel. Wie bereits erwähnt, gab es mit Hitler an der Macht für Deutschland keine Alternative zu einem Krieg mit der Sowjetunion. Hinzu kam der Zeitgeist, der den Blick auf die UdSSR trübte:

---

[28] Vgl. Präventivkrieg? S. 113 ff.

1. Die UdSSR führte einen demütigenden Krieg gegen Finnland, in dem es empfindliche Verluste gegen eine vergleichbar kleine Nation hinnehmen musste.
2. Stalins politischer Säuberung innerhalb der Roten Armee fielen ca. 70 bis 80% der ranghöheren Offiziere zum Opfer. Das Oberkommando wurde sogar komplett ausgelöscht.
3. Das 3. Reich brauchte Ressourcen, insbesondere das für die Kriegsmaschine unabdingbare Erdöl. Russland ist reich an Rohstoffen und schien zu diesem Zeitpunkt eine leichte Beute zu sein.
4. Deutschland hatte bereits im 1. Weltkrieg Russland besiegt (auch wenn es eher im Zuge der bolschewistischen Revolution implodiert war).
5. Die UdSSR war dabei aufzurüsten. Somit war gefühlt eine gewisse Eile geboten.

Die Wehrmacht hatte soeben innerhalb weniger Wochen Frankreich überrollt und stand auf dem Höhepunkt ihrer Schlagkraft. Wenn ein Krieg gegen die UdSSR aus ideologischen Gründen unausweichlich sei, sollte man lieber jetzt zuschlagen, bevor sich die Rote Armee von der politischen Säuberung erholt hatte und weiter aufgerüstet sei. Zum Chef des Oberkommandos der Wehrmacht, Wilhelm Keitel, sagte Hitler schon am 28. Juni 1940, also sechs Tage nach dem Waffenstillstand mit Frankreich: *„Ein Feldzug gegen Russland"* sei *„nur ein Sandkastenspiel"*. Dies war der deutsche Zeitgeist nach dem schnellen Sieg über Frankreich. General Franz Halder als Kopf der Planung eines Überfalls auf die Sowjetunion schien in lauter Euphorie die logistischen Schwierigkeiten (Distanzen, Klima, Infrastruktur), auf die ihn sein Planungsstab hingewiesen hatte, ignoriert zu haben bzw. nicht weitergetragen zu haben. Allerdings ging Halder in seinen ersten Planungsansätzen davon aus, dass die Sowjetunion lediglich zurückgedrängt werden sollte. In seinem persönlichen Kriegstagebuch vermerkt er: *"Politisches Ziel - Ukrainisches Reich, baltischer Staatenbund, Weißrussland-Finnland."* Mit einer Reihe von Pufferstaaten sollte die UdSSR geschwächt und der Einfluss des Deutschen Reiches nach Osten ausgeweitet werden[29]. Am 30. März 1941 schwor Hitler in einer Rede in der Reichskanzlei ca. 250 Generälen auf den bevorstehenden "Vernichtungskampf" im Osten ein. Der Russe sollte nicht als Kamerad wahrgenommen werden. Es gehe nicht darum, "den Feind zu konservieren", sondern die "kommunistische Intelligenz zu vernichten". Dies stand weder im Einklang mit dem geltenden Kriegsvölkerrecht noch mit einem soldatischen Ehrenkodex. Nach der Rede gab es zwar vereinzelt Widerspruch gegen dieses Vorgehen, jedoch keine Konsequenzen oder gar eine Anpassung des Plans. Laut des Historikers Wolfram Wette erfolgte damit der ideologische Schulterschluss zwischen dem Nationalsozialismus und der Wehrmacht.[30]

Da Frankreich besetzt und England auf seiner Insel isoliert war, blendete Hitler die Gefahr eines Zweifrontenkriegs aus. Wenn Russland wie geplant in wenigen Wochen besiegt sein würde, würden die Briten einlenken und zu Gesprächen bereit sein. Dies war es, was Hitler seinen Generälen bereits am 31. Juli 1940 im Berghof vermittelt hatte und es war der NS-Zeitgeist am Vorabend des Überfalls auf die Sowjetunion.

[29] Sven Felix Kellerhoff. (17.12.2015). „*Fall Barbarossa* " begann wie ein Sandkastenspiel. welt. https://www.welt.de/geschichte/ zweiterweltkrieg/article150055088/Fall-Barbarossa-begann-wie- ein-Sandkastenspiel.html Stand: 22.02.22

[30] Vgl. Präventivkrieg? S. 50

Barbarossa

Am 24. Juni 1941, demselben Tag, an dem auch Napoleon mit seiner großen Armee 1812 nach Russland aufbrach, begann die Operation Barbarossa. Hitlers Armee überschritt mit 3,3 Millionen Soldaten die russische Grenze. Eigentlich war der Angriff schon Wochen vorher geplant gewesen. Die Begründung, die deutsche Unterstützung der Italiener in Griechenland wäre der Grund für die Verschiebung gewesen, ist jedoch nicht ganz zutreffend. Der Hauptgrund war ein ungewöhnlich verregneter Frühling 1941 und vollständig überflutete Flugplätze der Luftwaffe. Man war gezwungen, auf besseres Wetter zu warten.

Ein Erfolgskonzept der Wehrmacht war der Bewegungskrieg. Mit motorisierten Einheiten und Panzer sollte der Feind überflügelt und in Kesselschlachten aufgerieben werden. Da die Wehrmacht nach den im Versailler Vertrag auferlegten Beschränkungen völlig neu aufgebaut werden musste, war sie entsprechend modern ausgestattet. Militärische Vordenker wie Heinz Guderian erkannten die Schlagkraft der mobilen Einheiten und propagierten den Einsatz von selbstständigen Panzer-Divisionen. In den anderen Armeen wurden hingegen verfügbare Panzer auf die Infanterie-Divisionen verteilt, wo sie - wie im 1. Weltkrieg - die Infanterie unterstützen sollten. Somit konnte die Rote Armee anfangs einem konzentrierten Panzerangriff der Wehrmacht nichts entgegensetzen.

Dass die Rote Armee gemäß einer Offensiv-Doktrin (also nah an der Grenze) aufgestellt war, begünstigte die schnellen Erfolge der Wehrmacht. Der russische Militärreformer Alexander Swetschin hatte in seinem Buch "Strategie", die Vorteile einer defensiven Doktrin aufgeführt. Unter Ausnutzung des Raums sollte der Gegner ermattet werden, wie es bereits im 18. Jahrhundert gegen den Schwedenkönig Karl XII. und später gegen Napoleon gelungen war. Sein akademischer Gegenspieler Michail Tuchatschewski war ein linientreuer Kommunist, der Swetschins Ermattungsstrategie als konterrevolutionär diffamierte und eine Offensiv-Doktrin durchsetzte. Dabei folgte er Stalins Mantra, dass Russland in der Vergangenheit genug Land verloren habe und er dies nie wieder zulassen werde. Mit diesem Leitsatz war die Vorstellung, Gebiete aufzugeben, schwer vereinbar. Beide militärische Denker sollten den "Großen Terror" bzw. die politischen Säuberungen Stalins von 1936 bis 1938 nicht überleben, aber die Offensiv-Doktrin der Roten Armee blieb bestehen, auch wenn die Rote Armee ob ihrer Ausbildung und Ausrüstung nicht für einen Offensivkrieg gewappnet war.[31]

Statt wie geplant, sofort bei Kriegsausbruch in die Offensive zu gehen und den Krieg in Feindesland zu tragen, wurden die besten Einheiten der Roten Armee direkt an der Grenze von der Wehrmacht überrascht, eingeschlossen und entweder aufgerieben oder gefangen genommen. Wobei die Wehrmacht auch große Mengen an Ausrüstung erbeuten konnte. Neben der Fokussierung auf den Bewegungskrieg verlieh der Wehrmacht die Doktrin des "Gefechts der verbundenen Waffen" zusätzliche Schlagkraft. Dabei wird der Gefechtswert durch die Kombination unterschiedlicher Truppen- und Waffengattungen erhöht (zum Beispiel: konzentrierter Panzerangriff, um die gegnerische Front zu durchbrechen oder Stuka-Luftangriffe im Vorfeld des Angriffs der Infanterie). Entwickelt wurde diese Doktrin von der Reichswehr unmittelbar nach den Erfahrungen des 1. Weltkriegs. Damit dieses Zusammenspiel funktioniert, wurden gut ausgebildete Verbindungsoffiziere benötigt.

---

[31] Vgl. Präventivkrieg? S. 163

Als die Offensive anrollte, kam im August die Frage auf, ob zuerst Moskau, wie von dem Generalstab unter Franz Halder geplant oder Kiew, wie von Hitler gewünscht, eingenommen werden sollte. Hitler setzte sich mit dem Argument durch, die Ukraine sei die Kornkammer Russlands. Einzelne Generäle wie Heinz Guderian versuchten noch Hitler umzustimmen, jedoch ohne Erfolg und der Generalstab beugte sich Hitlers Entscheidung.

Eine Einnahme Moskaus im Sept./Okt. 1941 hätte einen großen moralischen Effekt gehabt, auch wenn damit der Krieg sicherlich nicht zu Ende gewesen wäre, wie es schon Napoleon 1812 erlebt hatte. Ohne Moskau als infrastrukturelles Herz Russlands wäre allerdings die Mobilisierung weiterer sowjetischer Divisionen schwieriger gewesen. In Hitlers Weisung Nr. 21 (Fall Barbarossa) vom 18. Dezember 1940 erwähnte er Kiew nicht als primäres Ziel, weshalb er sich im August 1941 selbst widersprach, als er den Fokus der Wehrmacht auf die Ukraine lenkte.

"Das Endziel der Operation ist die Abschirmung gegen das asiatische Russland auf der allgemeinen Linie Wolga-Archangelsk... Der südlichen dieser beiden Heeresgruppen - Mitte der Gesamtfront - fällt die Aufgabe zu, mit besonders starken Panzer- und mot. Verbänden, aus dem Raum um und nördlich Warschau vorbrechend, die feindlichen Kräfte in Weißrussland zu zersprengen. Dadurch muss die Voraussetzung geschaffen werden für das Eindrehen von starken Teilen der schnellen Truppen nach Norden, um im Zusammenwirken mit der aus Ostpreußen in allgemeiner Richtung Leningrad zu operierenden nördlichen Heeresgruppe die im Baltikum kämpfenden feindlichen Kräfte zu vernichten. Erst nach

Sicherstellung dieser vordringlichsten Aufgabe, welche die Besetzung von Leningrad und Kronstadt folgen muss, sind die Angriffsoperationen zur Besitznahme des wichtigsten Verkehrs- und Rüstungszentrums Moskau fortzuführen... Die Einnahme dieser Stadt bedeutet politisch und wirtschaftlich einen entscheidenden Erfolg..."

Hitlers Weisung Nr. 21, Kriegsziele der Planung von Fall Barbarossa. Quelle: Präventivkrieg S. 192

Die Schlacht um Kiew war Ende September 1941 beendet, die Rote Armee hatte weitere 700.000 Mann verloren und die Wehrmacht machte sich nun – drei Monate nach Beginn der Operation Barbarossa – auf den Weg zur sowjetischen Hauptstadt. Während der Operation Taifun, die den Weg nach Moskau freimachen sollte, stößt Anfang Oktober in Mzensk die Wehrmacht zum ersten Mal auf überlegene, schwere russische Panzer, darunter den T-34.

„Die 4. Panzerdivision wurde südlich Mzensk von russischen Panzern angegriffen und erlebte böse Stunden. Zum ersten Male zeigte sich die Überlegenheit des russischen T 34 in krasser Form. Die Division hatte betrübliche Verluste. Der beabsichtigte rasche Vormarsch auf Tula musste vorerst unterbleiben."
Heinz Guderian, Erinnerungen eines Soldaten. Stuttgart 1994, S. 211 f.

Außerdem beginnt nun der Herbstregen und leitet die Schlammperiode (Rasputiza, russisch für „Wegelosigkeit") ein, die ein zügiges Vorankommen unmöglich macht.

Als die Wehrmacht Ende November vor Moskau steht, herrscht klirrende Kälte, die Truppe ist stark ausgedünnt, es mangelt an Winterausrüstung und die Versorgungslinien sind überdehnt.

Die 78 Wehrmacht Divisionen, die zur Eroberung Moskaus bei minus 30 Grad antreten, bestehen im Durchschnitt nur noch aus der Hälfte ihres Personalbestands. Die Fahrzeuge bleiben wegen Materialverschleiß und Kälte oft liegen. In diesem Augenblick treten vor Moskau die sibirischen Divisionen unter dem Befehl von General Schukow am 5. Dezember 1941 zum Gegenangriff an und durchbrechen die deutschen Linien mit voller Wucht.

Da der von Stalin befürchtete Angriff Japans ausbleibt, wurden die sibirischen Divisionen nach Moskau verlegt. Diese 104 sowjetischen Divisionen zählen mehr als eine Million Soldaten mit 780 Panzern und 5.700 Geschützen. Im Gegensatz zu den Deutschen sind die sibirischen Einheiten bestens für den Winter ausgerüstet. Die Wehrmacht muss sich zum ersten Mal zurückziehen und verliert den Nimbus der Unbesiegbarkeit. Gemäß Clausewitz hatte die Wehrmacht vor Moskau ihren Kulminationspunkt überschritten. Die deutschen Einheiten waren ausgelaugt, die Versorgungslinien überdehnt und ihnen stand ein zahlenmäßig überlegener Gegner gegenüber.

Die Verluste auf deutscher Seite betrugen bis Januar 1942 ca. 1 Million Mann - also ein Drittel der ein halbes Jahr zuvor in Russland eingefallenen Truppen. Die Verluste auf Seiten der Roten Armee beliefen sich auf ca. 6 Millionen (Gefallene und Kriegsgefangene). Obwohl ein Großteil der russischen Industrie und wichtige Ressourcen von der Wehrmacht erobert worden waren, dachte Stalin nicht an Kapitulation.

Wichtige Industrieanlagen werden abmontiert und hinter dem Ural wieder aufgebaut. Die verbündete Mongolei liefert Unmengen von Hilfsmitteln in die UdSSR und General Winter schlägt – wie damals gegen Napoleons Truppen – unerbittlich zu. Wie aussichtslos der Ostfeldzug Hitlers und seiner Generäle war, fasst der Publizist Sebastian Haffner in einen "Anmerkungen zu Hitler" sehr treffend zusammen:

> *"Wie sollte ein Krieg gegen Russland angesichts dieser Menschen- und Raumreserven überhaupt zu beenden sein? Diese Frage hat sich Hitler, wie man jetzt weiß, nie ernsthaft gestellt. [...] Sein Kriegsplan sah auch im Fall eines militärischen Sieges zunächst nur einen Vormarsch bis zur Linie Archangelsk-Astrachan vor; das heißt, er hätte selbst dann eine riesige Ostfront behalten - bei fortdauerndem Krieg mit England und drohendem Krieg mit Amerika."*
>
> *Sebastian Haffner,*
> *Ansichten zu Hitler, S. 146*

In dem Roman "Durchbruch bei Stalingrad", das von einem deutschen Offizier in russischer Kriegsgefangenschaft geschrieben wurde, wird ein Gespräch zwischen den beiden Generalfeldmarschällen von Rundstedt und von Brauchitsch nach der Niederlage vor Moskau im Dezember 1941 zitiert, das sicherlich fiktiv ist, aber inhaltlich den Kern trifft:

> *"Das operative Ziel dieses Jahres ist nicht erreicht. Nach Mobilisierung der 2. und 3. Welle werden 400 russische Divisionen den 175 deutschen gegenüberstehen. Mit unseren Kräften diesen Gegner zu schlagen, ist nicht möglich. Wir müssen zurück auf die Linie Peipussee, Beresina, Dnjepr, vielleicht sogar noch weiter bis zur Memel und Weichsel, und dort einen Ostwall bauen, an dem er sich die Knochen blutig stößt."*
>
> *Durchbruch bei Stalingrad,*
> *Heinrich Gerlach, S.25*

Hitler entließ die beiden Generalfeldmarschälle im Dezember 1941 und übernahm selbst das Oberkommando über die Wehrmacht.

Warum wurde die Rote Armee unterschätzt?

- Der Finnisch-Russische Winterkrieg hatte auch gezeigt, dass die Moral des Verteidigers der des Angreifers überlegen ist. Als Stalin den Vaterländischen Krieg ausruft, bediente er sich dieser Mechanik.
- Stalin war ein skrupelloser Diktator und als solcher Hitler nicht unähnlich. Es war etwas völlig anderes, gegen eine Demokratie Krieg zu führen, als gegen ein autoritäres Regime, das mit dem Rücken zur Wand steht. Deutschen Soldaten berichteten immer

wieder, dass sie erstaunt waren, mit welcher Hartnäckigkeit sich Russen in aussichtsloser Lage verteidigten – im Gegensatz zu Engländern und Franzosen, die eher aufgaben, als bis in den Tod zu kämpfen.

- Logistik und Witterung. Die "Rasputiza" genannte Schlammperiode im russischen Herbst und Frühjahr hatte schon im 1. Weltkrieg für Schwierigkeiten gesorgt. Scheinbar wurde sie von General Franz Halder bei der Planung ebenso wenig beachtet, wie die logistischen Herausforderungen in Anbetracht der gewaltigen Distanzen.

- Die sowjetische Wirtschaft war auf einen Krieg ausgerichtet. Fabriken wie zum Beispiel Uralwagonsawod am Ural, zur Fertigstellung von Traktoren und Eisenbahnwagen, waren so angelegt, dass sie direkt auf die Produktion von Panzern umgestellt werden konnten. Stalin wusste, dass die Sowjetunion von Feinden umgeben war und hatte in seinem Fünfjahresplan 1931 bis 1936 mit dem Bau dieser Fabriken entsprechend vorgesorgt. Hitler begann erst ab Januar 1942 die deutsche Wirtschaft schrittweise auf eine Kriegsproduktion auszurichten, als er erkannte, dass sein "Blitzkrieg" in Russland gescheitert war.

- Einige Divisionen der Wehrmacht waren bis zu 60% mit (Beute-) Lastwagen der französischen Armee ausgerüstet, was den Mangel an Fahrzeugen in der Wehrmacht unterstreicht. Mit abnehmender Mobilität (Materialverlust, mangelnder Ersatz, Luftüberlegenheit des Gegners) verlor die Wehrmacht an Schlagkraft. An der Ostfront begann sich dies im Jahr 1942 abzuzeichnen, als die Rote Armee in den Raum ausweichen konnte, anstatt von der Wehrmacht überflügelt und in Kesselschlachten aufgerieben zu werden. Als die US-Hilfslieferung aus dem Leih- und Pachtgesetz anlief, erhielt die Rote Armee mehr Lastwagen aus den USA als Deutschland im ganzen Krieg herstellen konnte.

- Die Schlagkraft der Wehrmacht beruhte auf wenigen mobilen Panzer-Divisionen. Da diese schnell in die Tiefe Russlands vorstießen, kam die Infanterie kaum nach und die mobilen Einheiten hatten die Hauptlast der Kämpfe zu tagen. Entsprechend hoch waren ihre Verluste und Ausfälle an schwer zu ersetzbaren Fahrzeugen und Panzern.

- Barbarossa war als kurzer und schneller Feldzug geplant. Die Annahme des deutschen Generalstabs war, dass nach der Zerschlagung der Roten Armee (ca. 5 Millionen Mann) die Sowjetunion kapitulieren und die deutschen Truppen Weihnachten 1941 wieder zuhause sein würden. Der Widerstandswille der Roten Armee, ihre Ressourcen sowie ihre Schlagkraft (T-34) wurden völlig unterschätzt.

Aufgrund dieser Fehleinschätzungen gab es keinen Plan B im deutschen Generalstab, was zu tun wäre, falls die Operation Barbarossa scheitert. Ähnlich wie es auch im 1. Weltkrieg keinen Plan B gab, falls der Schlieffenplan scheitern sollte.

Exkurs: Japan und der Angriff auf Sibirien

Warum griffen die Japaner als Verbündete des 3. Reiches 1941 nicht die UdSSR an? Weil einiges dagegensprach:

- Die japanische Kriegswirtschaft benötigte Rohstoffe wie Öl, Stahl und Kautschuk. Nichts davon gab es damals in Sibirien, dafür aber im südlichen Pazifik in Indonesien.
- Im August 1939 erlitten die sonst siegesgewissen Japaner in der Schlacht von Khalkhin Gol eine militärische Niederlage. Die japanischen Truppen wurden von der Roten Armee unter dem Kommando von Georgi Schukow hinter der mongolischen Grenze eingekreist und aufgerieben. Japan erfuhr auf schmerzliche Weise, dass man die Rote Armee nicht unterschätzen darf.
- Zur gleichen Zeit als Japan den mongolischen Grenzkonflikt mit der UdSSR austrug, schloss der deutsche Außenminister Ribbentrop den Hitler-Stalin-Pakt, der eine gegenseitige Nichtangriffserklärung beinhaltete. Japan schickte eine diplomatische Note an Berlin, um ihren Unwillen diesbezüglich auszudrücken. Dieser Grenzkonflikt spielte daher eine entscheidende Rolle in der Überlegung, wie sich Japan 1941 nach dem Einmarsch der Wehrmacht in die Sowjetunion verhalten sollte.
- Während des Kriegs stationierte Stalin 15 bis 30% der verfügbaren Truppen mit ca. 3.000 Panzern und ca. 4.000 Flugzeugen in Fernost. Somit war die Grenze zwischen der UdSSR und Japan niemals "unbewacht".

167

- Fernost ist der schlechteste Ort für einen Angriff auf Russland. Die Entfernungen sind enorm und Moskau als Zentrum des Landes ist sehr weit weg. Selbst wenn die Japaner Landgewinne erzielen würden, käme die Taktik der verbrannten Erde zum Tragen, wie sie von jeder russischen Armee auf dem Rückzug seit dem 16. Jahrhundert angewendet worden war. Für die japanische Armee wäre ein logistisches Desaster die Folge gewesen.
- Die japanische Armee war bereits in China in einer großen militärischen Landoperation verwickelt.

Diese Gründe machen die Entscheidung der Japaner für die Süd-Strategie (Indonesien) anstelle der Nord-Strategie (Sibirien) nachvollziehbar. Eventuell hätten die Japaner einen Angriff gewagt, wenn Hitler direkt Moskau fokussiert und im August/September 1941 eingenommen oder eingeschlossen hätte. Sie hätten sich dann an einem vermeintlich sicheren Sieg beteiligen wollen, ohne dabei ein größeres Risiko eingehen zu müssen.

Japans Süd-Strategie

Aber auch die Süd-Strategie war mit Risiken verbunden. Eigentlich hätte Japan überhaupt nicht in den Krieg eintreten dürfen, denn die Chancen auf einen Sieg gegen die USA waren minimal. Der US-Präsident hatte jedoch mit dem Rohstoff-Embargo gegenüber Japan einen Angriff provoziert. Entweder würde Japan zeitnah Ölquellen erobern oder es müsse sich aus dem China-Konflikt, der seit Juli 1937 tobte, zurückziehen. Ölvorkommen gab es in Indonesien, das als Kolonie der Niederlande eine leichte Beute war, da das Mutterland 1940 von der Wehrmacht besetzt worden war.

Jedoch wären die japanischen Öltransporter auf dem Weg von Indonesien nach Japan in die Reichweite von US-Bombern gekommen, die auf den Philippinen ihre Stützpunkte hatten. Somit konnten die Öllieferungen nur sicher in Japan ankommen, wenn vorher die US-Stützpunkte auf den Philippinen erobert wären. Und dies war nur möglich, wenn vorher die US-Pazifikflotte ausgeschaltet war. Und diese war auf Hawaii in Pearl Harbor stationiert.

Die japanische Hoffnung bestand darin, dass nach einem erfolgreichen Militärschlag die kriegsunwillige US-Bevölkerung ihren Präsidenten zu einem Ausgleichsfrieden nötigen würde. Dabei hätte wahrscheinlich ein direkter Angriff auf die US-Kolonie der Philippinen die Öffentlichkeit weniger schockiert, als auf den US-Bundesstaat Hawaii.

Drei US-Flugzeugträger sowie einige moderne Kriegsschiffe verließen kurz zuvor Pearl Harbor und wurden an die US-Westküste verlegt. Ob US-Präsident Roosevelt den japanischen Angriff hat kommen sehen oder die Verlegung der Schiffe ein glücklicher Zufall für die US-Amerikaner war, bleibt offen. Der japanische Angriff auf Pearl Harbor erfolgte am 7. Dezember 1941. Über 2.000 US-Seeleute verloren ihr Leben und acht Schlachtschiffe wurden entweder versenkt oder massiv beschädigt. Es war ein Schock für die US-Bevölkerung, die nun ihre pazifistische Stimmung fallen ließ.

Parallel zum Angriff auf Pearl Harbor eroberten die Japaner große Teile Süd-Ost-Asiens und sicherten sich die notwendigen Rohstoffe für ihre Kriegsindustrie. Die US-Navy erholte sich jedoch schneller von dem Schlag als gedacht und insbesondere die Bedrohung Japans als Inselstaat durch U-Boote wurde unterschätzt. Die US-Navy konnte mit ihren U-Booten die Versorgung sowie das maritime Leben der Japaner empfindlich stören.

Die U-Boote machten nur 2% der US-Navy aus, sorgten jedoch für 50% der gesunkenen japanischen Schiffe. Ein zähes und langes Ringen begann, das im August 1945 mit zwei Atombomben auf Nagasaki und Hiroshima endete.

Zahlen, Daten, Fakten – 1941

Der deutsche Nachrichtendienst vermutete vor dem Überfall auf die Sowjetunion, dass die Rote Armee über ca. 6.000 Flugzeuge und 6.000 Panzer verfügte. Tatsächlich waren es aber 21.000 Flugzeuge und 24.000 Panzer. Des Weiteren wurden die schweren Panzer der Roten Armee (T-34, KV-1, KV-2) übersehen. Die modernen deutschen Panzer hätten selbst eine deutliche Überzahl russischer Standardpanzer ausgleichen können. Doch bereits Anfang Oktober 1941 zeigte sich beim Panzergefecht bei Mzensk die Überlegenheit des T-34. Zum Zeitpunkt des Überfalls verfügte die Rote Armee bereits über ca. 1.000 schwere Panzer, die jedoch noch nicht in geschlossenen Verbänden zusammengefasst waren.

Der T-34 hatte eine größere Durchschlagskraft und eine bessere Panzerung als die deutschen Panzer. Das Design machte ihn zum modernsten Panzer seiner Zeit. Durch den flachen Turm und die abgeschrägte Panzerung war er widerstandsfähiger gegen Beschuss. Da der Motor aus Aluminium statt aus Stahl bestand, war der Panzer mit 30 Tonnen relativ leicht und entsprechend beweglich. Außerdem war der T-34 so konzipiert, dass er in großer Stückzahl hergestellt werden konnte.

Bis Kriegsende sollte die UdSSR knapp 60.000 T-34 Panzer produzieren. Zwar war er technisch nicht so ausgefeilt wie die späteren deutschen Panzermodelle, aber Stalin soll in diesem Kontext gesagt haben: "Quantität ist auch eine Qualität".

Erst der zügig entwickelte Tiger-Panzer, von dem bis Kriegsende 1.350 Stück fertiggestellt wurden, konnte dem T-34 Paroli bieten. Der Panther-Panzer war hingegen weniger ausgereift und litt unter technischen Ausfällen. Anstatt auf Quantität setzten die Deutschen auf Qualität. Dies führte zu ständigen Modifikationen an bestehenden Modellen und verhinderte eine standardisierte Massenproduktion wie sie in der UdSSR üblich war. Allerdings boten die modernen deutschen Panzer den Mannschaften besseren Schutz, was die Überlebenschance der erfahrenen Panzerfahrer steigerte. Die Rote Armee verfügte hingegen über ausreichend Reservisten.

Eine Gegenüberstellung

1. Die UdSSR hatte 1941 doppelt so viele Einwohner wie das Deutsche Reich.
2. Die UdSSR war die flächenmäßig größte Nation der Welt mit gewaltigen Ressourcen (z.B. Öl)
3. Die Rote Armee bestand 1941 aus ca. 5 Millionen aktiven Soldaten und 14 Millionen Reservisten mit einer zweijährigen militärischen Ausbildung.
4. Die Wehrmacht bestand 1941 inklusive der Waffen-SS aus ca. 7 Millionen Soldaten und ca. 450.000 Reservisten. Somit standen der Roten Armee 30mal mehr Reservisten zur Verfügung.
5. Während der Planung von Barbarossa wurde von den Deutschen angenommen, dass die Sowjets zusätzlich zu den 100 bis 150 verfügbaren Divisionen weitere 50 ausheben und ausrüsten könnten – tatsächlich wurden aber ca. 820 zusätzliche Divisionen im Laufe des Krieges von der Roten Armee aufgestellt, davon ca. 100 mit Ausrüstung aus den US-Hilfslieferungen.

Was waren die Gründe für die große Abweichung bei der Anzahl der Reservisten?

1. Industrialisierung: Deutschland war stärker industrialisiert als die UdSSR und benötigte mehr ausgebildete Fachkräfte in den Fabriken. Im Mai 1941 wurde die Industrie darüber informiert, dass die mobilisierten Fachkräfte in nur vier Monaten wieder demobilisieren werden würden – nach dem Sieg über die UdSSR.

2. Versailler Vertrag: Die deutsche Armee wurde ab 1935 wieder aufgerüstet. Davor war sie laut Versailler Vertrag auf max. 100.000 Soldaten begrenzt. Deshalb wurden die fälligen Jahrgänge in der Zeit von 1919 bis 1934 nicht militärisch ausgebildet, da es entsprechend keine Wehrpflicht gab. Die Jahrgänge 1917/18, die ab 1934 zum Militärdienst eingezogen wurden, fielen klein aus, da sich das Deutsche Reich damals am Ende des 1. Weltkriegs befunden hatte. Viele Männer waren an der Front und es herrschte eine Lebensmittelknappheit – beides hatte eine geringere Geburtenrate zur Folge.

Ende 1941 beliefen sich die Ausfälle bei der Wehrmacht auf ca. eine Million. Größtenteils erfahrene und gut ausgebildete Soldaten, die nicht wieder ersetzt werden konnten. Bereits im Herbst 1941 hatte die Wehrmacht ein Ersatzdefizit von 280.000 Mann. Die "motorisierten" Einheiten waren nur noch zu 40 % mobil ausgerüstet und hätten 1942 komplett re-mobilisiert werden müssen. Die Verluste in der Mannschaft wurden 1942 mit 18- und 19-jährigen Rekruten aufgefüllt, während die Rote Armee auf militärisch ausgebildete Reservisten zurückgreifen konnte.

Die Wehrmacht unterschätzte die UdSSR massiv. Nicht nur numerisch, auch ob der logistischen Herausforderung und insbesondere in ihrer Widerstandskraft. Aber diese Fehleinschätzung entsprach dem Zeitgeist. Die Geringschätzung war ideologisch zementiert, da sich die Nazis als überlegene Herrenrasse wahrgenommen haben. Viele Militärs waren zwar nicht ideologisch verblendet, aber die älteren Offizierskader hatten noch vor Augen, dass Russland im 1. Weltkrieg von der Reichswehr besiegt worden war. Die Offiziere der Reichswehr dienten nun teilweise als Generäle der Wehrmacht. Ihnen entging allerdings das Detail, dass damals das Zarenreich in den Wirren der russischen Oktoberrevolution eher implodiert war, als dass es vom Kaiserreich in die Knie gezwungen worden wäre. Nach dem kurzen Feldzug gegen Frankreich, das in nur wenigen Wochen besiegt worden war, waren die deutschen Militärs jedoch geblendet von ihrem eigenen Erfolg.

Allerdings vermuteten auch die Engländer und US-Amerikaner, dass die UdSSR kurz nach dem Überfall kollabieren würde. So desolat war die Außenwahrnehmung der Sowjetunion unter Stalin und so enorm waren die Verluste, welche die Rote Armee 1941 einstecken musste. Tatsächlich könnte man sagen, dass die Operation Barbarossa ein Erfolg war, wenn das Ziel die Zerschlagung einer gewissen Anzahl von Divisionen der Roten Armee war. Nur war die Rote Armee größer als von den Deutschen angenommen. Jede andere Nation hätte aufgrund der enormen Verluste kapituliert. Stalin schickte jedoch immer neue Divisionen an die Front und die Wehrmacht "siegte sich zu Tode" [32].

---

[32] Neitzel, Sönke. (22.06.2016). Wehrmacht siegte sich zu Tode. Koblenzer Rhein Zeitung. https://www.uni-potsdam.de/fileadmin/projects/hi/pdf/2016-06-22_koblenzer_rheinzeitung.pdf

"Der russische Koloss wurde von uns unterschätzt. [...] Wir haben bei Kriegsbeginn mit 200 feindlichen Divisionen gerechnet. Jetzt zählen wir bereits 360."

General Franz Halder, 11. August 1941

Der ideologische Vernichtungskrieg

Es gab 1941 keine Provokation oder sonst irgendeine politische Notwendigkeit für den Überfall Deutschlands auf die UdSSR. Hitlers Ideologie, der Krieg um Lebensraum und die Vernichtung des jüdischen Bolschewismus waren die Triebfedern. Es handelte sich um eine neue Form des Krieges: den ideologischen Vernichtungskrieg.

Die Protagonisten

Hitler steuerte mit "monomanischer" Energie auf einen Krieg gegen die Sowjetunion zu.[33] Dass ein Krieg für ihn unvermeidlich war, hatte er in seinem Vier-Jahres-Plan Memorandum vom 18. Oktober 1936 klar formuliert. Die UdSSR war der Gegenpol zu seiner nationalsozialistischen Ideologie. Außerdem sollte im Zuge der Vernichtung der verfeindeten Ideologie Lebensraum erobert werden. Hitler ordnete seiner Ideologie alles unter: Politik, Wirtschaft und Gesellschaft.

Wladimir Iljitsch Lenin hatte nach der Russischen Revolution 1917/18 aus dem Feudalsystem des Zaren ein bolschewistisches Kollektiv-System geschaffen. Stalin als Nachfolger

---

[33] Vgl. Sebastian Haffner. Von Bismarck zu Hitler

Lenins hatte es mittlerweile in einen autokratischen Führerstaat mit sozialistischem Anstrich verwandelt. Stalin schuf einen enormen Führerkult um seine Person, der ihn aus dem Schatten Lenins holen sollte. Lenin selbst soll vor Stalin als seinen Nachfolger gewarnt haben. Seine paranoide Natur sorgte für ständige "Säuberungen" in der Partei und im Militär, um Widerstände gegen seine Macht auszuräumen. Dies schwächte nachhaltig die Wirtschaft und Führungskraft des Militärs. Ob politische Säuberungen oder die Hungersnot "Holodomor" (Tötung durch Hunger) in der Ukraine, um das ukrainische Nationalgefühl zu brechen: Für Stalin war Terror ein politisches Instrument und ihm war jedes Mittel recht, um an der Macht zu bleiben, was folgendes Zitat verdeutlicht, das ihm zugesprochen wird:

"Der Tod eines Mannes ist eine Tragödie, aber der Tod von Millionen nur eine Statistik."

Josef Stalin

Zugleich wusste Stalin, dass die UdSSR von Feinden umgeben war. Er setzte auf massive Aufrüstung sowie den Aufbau einer Kriegswirtschaft. Stalin hatte Hitlers Buch "Mein Kampf" aufmerksam gelesen und war sich der drohenden Kriegsgefahr bewusst. Als Hitler an die Macht kam, bot Stalin England und Frankreich direkt an, mit einer Million Soldaten der Roten Armee Deutschland anzugreifen. England und Frankreich lehnten damals ab. Als dann später Frankreich realisierte, dass ein Krieg gegen Hitler unvermeidlich war, wollte es eine Abmachung mit Stalin treffen. Doch er hatte sich mittlerweile (zur Überraschung aller) mit Hitler verbündet und über die 4. Teilung Polens verständigt.
Seit dem Pakt zwischen Deutschland und Japan im Jahre 1936 befürchtete Stalin einen Zwei-Fronten-Krieg.

Als Polen die deutschen Forderungen ablehnte, sah Stalin eine Möglichkeit, Hitler in einen Krieg mit den Westmächten zu verstricken. Hitler plante bereits den Überfall auf Polen und brauchte daher die Rückendeckung der Sowjetunion. Der Abschluss des Hitler-Stalin-Pakts am 23. August 1939 in Moskau erhöhte die Chancen, dass Hitler Polen tatsächlich angriff und Deutschland somit – ähnlich wie im 1. Weltkrieg – mit den Westmächten im Krieg stand. Die Tatsache, dass sich parallel der deutsche Verbündete Japan in der Mongolei ein Grenzscharmützel mit der Roten Armee lieferte, bescherte Stalin einen weiteren Grund, auf den Pakt einzugehen. Somit wurde ein Keil zwischen Japan und Deutschland getrieben und in der Tat sendeten die Japaner Protestnoten nach Berlin, als der Hitler-Stalin-Pakt bekannt geworden war.[34]

Stalin war nicht nur grausam, sondern auch hochintelligent. Ihm wäre zuzutrauen, dass hinter seiner Bereitschaft, plötzlich einen Pakt mit dem Erzfeind einzugehen, auch eine taktische Erwägung stand. Hitler hingegen war zu verblendet von Rassentheorien und Vorsehung, um die Gefahr einer Neuauflage des 1. Weltkrieges zu erkennen, in dem sich Deutschland in einem Zwei-Fronten-Krieg verausgabt hatte. Der einzige Faktor, den Stalin in seiner Kalkulation falsch eingeschätzt hatte war, dass Deutschland Frankreich in nur wenigen Wochen besiegen würde, statt wie 1914 bis 1918 lange und zähe Grabenkämpfe auszufechten. Stalin war geostrategisch versiert und wollte als "lachender Dritter" so lange abwarten, bis sich die übrigen europäischen Großmächte (England, Deutschland, usw.) in ihrem gegenseitigen Kampf erschöpft hätten. Danach würde er seine kommunistische Ideologie über die Grenzen der UdSSR hinaustragen und die Nachkriegsordnung mitbestimmen können.

---

[34] Vgl. Am Hof des Roten Zaren, S. 350 ff.

Während Hitler als Hobby-Architekt ein germanisches Reich "erbauen" wollte, war es Stalin als Parteigenosse gewohnt, so lange "abzuwarten", bis sich der richtige Augenblick bot, um seine Macht auszubauen.

Stalin wurde von Hitlers Überfalls am 22. Juni 1941 völlig überrascht, obwohl er von den Briten gewarnt worden war, dass der Angriff kurz bevorstehen würde. Er tat diese Hinweise als alliierte Propaganda ab. *"Stalin ließ sich täuschen, weil er an Hitlers Selbsterhaltungstrieb glaubte".*[35]

> *"Die sowjetische Führung betrieb harte Realpolitik, die deutsche war zutiefst irreal und jagte einem rassistisch begründeten Traum nach. [...] Deshalb konnte und wollte Stalin nicht erkennen, dass Hitler unklug genug war, einen hochriskanten Zweifrontenkrieg zu beginnen, obwohl ihm der Pakt mit der Sowjetunion doch so viel mehr Vorteile brachte. Vor allem unterlief er die britische Seeblockade, die 1914-1918 so wirksam gewesen war."*
>
> *Joachim Käppner in 1941, S. 162*

Als sich Stalin von dem Schock des Überfalls erholt hatte, fand er schnell zu seiner Hartnäckigkeit zurück, die ihn auch nach Lenins Tod zur Macht verholfen hatte. Am 7. November 1941 ließ Stalin zum Jahrestag der Russischen Revolution eine Militärparade am Kreml abhalten, obwohl die Wehrmacht nur ca. 100 Kilometer vor Moskau stand. Als seine Genossen ihm die Parade wegen der Gefahr deutscher Luftangriffe ausreden wollten, bestand er darauf, dass eventuelle Opfer schnellstmöglich weggeräumt werden müssten,

---

[35] Chlewnjuk, O. Stalin. S. 301

"*damit der Vorbeimarsch weitergehen kann*" [36]. Am Ende verhinderte ein Schneesturm den Einsatz der Luftwaffe. Ein weiteres Beispiel, das sinnbildlich für seine Härte steht, ist seine Weisung Nr. 270, die besagt, dass die Familien von Rotarmisten, die in Kriegsgefangenschaft geraten sind, ebenfalls wegen Landesverrat inhaftiert werden sollen. Als Stalins eigener Sohn gefangen genommen wurde, machte der keine Ausnahme und ließ dessen Frau festnehmen.[37]

Erich Fromm hat in seinem Buch "Anatomie der menschlichen Destruktivität" einen analytischen Blick auf die Psychogramme von Hitler und Stalin geworfen: Stalin war seines Erachtens nach ein Sadist. Kinder und Ehefrauen von direkten Mitarbeitern wurden bei kleinsten Vergehen in Arbeitslager gesteckt. Stalin genoss es, auf diese Weise seine Macht zu symbolisieren, während sich die Betroffenen im täglichen Umgang mit Stalin nichts anmerken lassen durften - denn die Partei war wichtiger als die Familie. Er schuf ein Terror-Regime, das primär auf der Angst vor seiner Person basierte. Das perfide Spiel der psychologischen Unterdrückung lernte Stalin im Priesterseminar, das er jedoch abbracht, um Berufsrevolutionär zu werden. Obwohl er selbst als Kind viel Gewalt erfuhr, schloss er die Schule als Jahrgangsbester ab.
Hitler hingegen war ein begabter, aber fauler Schüler, der seine ihn liebende Mutter dominierte und vor seinem autoritären Vater kuschte. Die Realschule verlässt er ohne Abschluss und sucht Zuflucht in einer Fantasiewelt, die aus Indianer- & Kriegsspielen besteht und in denen er schon als Kind aufgrund seiner Redegewandtheit die "Anführer" Rolle einnimmt. Erich Fromm attestiert ihm eine hohe Vitalität

---

[36] Vgl. Am Hof des Roten Zaren, S. 459
[37] Ebda. S. 470

und Beredsamkeit, jedoch auch ein hohes Maß an Destruktivität, insofern etwas nicht nach seinem Willen geschieht. Nach seiner Ablehnung an der Wiener Kunsthochschule 1907 vertieft er sich in gesellschaftskritischen Schriften zu Themen wie Rassenideologie, Antisemitismus und Nationalsozialismus. Sein verletzter Narzissmus brauchte einen Sündenbock und er verurteilte die bürgerliche Gesellschaft, die sein vermeintliches "Genie" nicht erkannte. Der Kriegsausbruch 1914 war ein Glücksfall für die gestrandete Persönlichkeit, da er sich nun zu einer sinnvollen Aufgabe berufen fühlte. Als er vier Jahre später in einem Lazarett von dem Waffenstillstand erfuhr, fühlte er sich hintergangen. Er glaubt an die von seinem späteren Förderer Erich Ludendorff in die Welt gesetzte Dolchstoßlegende, die seinen Antisemitismus weiter nährt.

> *"...dass die Juden ausgerottet werden. Sie würden diesmal mit dem, was sie am 9. November 1918 getan haben, nicht durchkommen. Der Tag der Abrechnung sei gekommen.*[38] *"*
>
> *Hitler im Januar 1939 zum tchechoslowakischen Außenminister Chvalkovsky*

Er trat einer kleinen Partei mit nur 50 Mitgliedern bei und machte aus ihr die NSDAP. Seine Redekunst sowie Willensstärke – die laut Erich Fromm manchmal an ein trotziges Kind erinnerte – machten Eindruck in den politisch und wirtschaftlich instabilen 20er-Jahren. Viele Deutschen waren noch im Kaiserreich aufgewachsen und an autoritäre Strukturen gewöhnt.

---

[38] Vgl. Erich Fromm, S. 448

Die Demokratie hatten sie nur im Zustand der chaotischen Weimarer Republik kennengelernt.

Beiden Personen spricht Erich Fromm in seiner klinischen Studie einen hohen Grad an Destruktivität zu – ob nun durch einen Hang zum Sadismus oder zum verletzten Nazismus. In dem Aufeinandertreffen scheint sich die Destruktivität potenziert zu haben: Vier lange Jahre wurde Osteuropa in eine Hölle auf Erden verwandelt.

Vernichtungskrieg

In der ersten Phase des deutschen Überfalls wurden riesige Verbände der Roten Armee von den mobilen Einheiten der Wehrmacht überflügelt, eingekesselt und aufgerieben. Zu Beginn der Operation Barbarossa ließen für jeden gefallenen deutschen Soldaten 20 Rotarmisten ihr Leben. Zwischen Juni und Dezember 1941 fielen 2.663.000 Soldaten der Roten Armee und 3.350.000 gerieten in Gefangenschaft.[39] Auf der Gegenseite erlitt die Wehrmacht bis Ende 1941 mit über 200.000 Toten und 620.000 Verwundeten ebenfalls Verluste, die kaum zu kompensieren waren. Hinzu kamen die Ausfälle bei den verbündeten Achsenmächten (Italien, Ungarn, Rumänien, usw.). Nach Schätzungen starben im 2. Weltkrieg zwischen 1,1 bis 1,3 Millionen deutsche Soldaten in sowjetischer Kriegsgefangenschaft, was einem Anteil von 33 – 42 % entspricht. In deutschen Kriegsgefangenenlagern starben hingegen allein 1941 ca. 90 % der russischen Kriegsgefangenen, ca. 3 Millionen. Hierbei spielte das Unvermögen, eine so gewaltige Anzahl von Gefangenen zu versorgen, ebenso eine Rolle, wie die Rassenideologie der Nazis. Die Sowjetunion hatte die Genfer Konvention nicht unterschrieben,

---

[39] Vgl. Overy, Richard. Russlands Krieg. S. 188

weshalb dem Umgang mit Kriegsgefangen im Osten keine (humanen) Schranken gesetzt waren. Im Vergleich dazu starben 3,5% der alliierten Kriegsgefangenen in deutschen Lagern.

Leningrad sollte im ursprünglichen Angriffsplan eingenommen werden. Immerhin war die Stadt mit dem größten Ostseehafen Russlands und dem nördlichen Eisenbahnknotenpunkt eine logistische Drehscheibe. Da die Rote Armee aber im Häuserkampf zähen Widerstand lieferte und die finnische Armee eine Teilnahme an der Eroberung Leningrads ablehnte, ließ Hitler die Millionenstadt einschließen. Seine perfide Absicht war, die 3 Millionen Einwohner im Belagerungszustand dem Hungertod auszusetzen und somit der nationalsozialistischen Ideologie entsprechend die slawische Bevölkerung zu dezimieren. Das gleiche Schicksal hatte Hitler auch für Moskau eingeplant. Es war der Wehrmacht verboten, in die russische Hauptstadt einzudringen, wozu es dann aber nicht mehr kam. In Leningrad starb ungefähr ein Drittel der Bevölkerung an den Folgen der Belagerung.

Hitler führte einen ideologischen Krieg, weshalb strategische Überlegungen zurückgestellt wurden. Strategisch wäre es sinnvoll gewesen, in der Ukraine als "Befreier" aufzutreten und somit die innere Stabilität der Sowjetunion zu gefährden. In der Tat wurde die Wehrmacht von den Ukrainern zuerst als Befreier von der stalinistischen Schreckensherrschaft begrüßt. Offiziere der Abwehr befürworten einen Plan, der es vorsah, eine ca. 1 Million Mann starke ukrainische Armee aufzustellen. Jedoch war es mit der nationalsozialistischen Ideologie unvereinbar, als Befreier aufzutreten, da man als Herrenmensch gekommen war. Stattdessen wurden in den besetzten Gebieten durch eigens dafür ausgebildete Einsatzgruppen Massenerschießungen an Juden durchgeführt.

Da die deutsche Führung die Völker der Sowjetunion als rassisch minderwertige "Untermenschen" begriff und entsprechend behandelte, wurde die Möglichkeit eines "regime change" in Russland ausgeschlossen.[40] Vielmehr vereinte die ideologische Kriegsführung Hitlers die Völker der Sowjetunion im vaterländischen Krieg, den Stalin ausrufen ließ. Wenn man sowieso vernichtet werden soll, kann man auch unerbittlich bis zum Tod kämpfen. Außerdem verteidigten sie ihr Vaterland, das überfallen worden war und waren somit den deutschen Angreifern moralisch überlegen.

> *"The true soldier fights not because he hates what is in front of him, but because he loves what is behind him."*
>
> G. K. Chesterton

Das lange Ende 1942 bis 1945

Nach dem Scheitern von Barbarossa und dem Kriegseintritt der USA im Dezember 1941 war der Krieg für Nazi-Deutschland nicht mehr zu gewinnen. Früher oder später würde das massive Ungleichgewicht bei Ressourcen und Industriekapazität den Ausschlag geben. Die Zeit der Blitzkriege war vorbei und der Abnutzungskrieg begann.

1942 – Stalingrad

Als die Front schließlich im Februar 1942 in einem winterbedingten Stellungskrieg erstarrte, zählt die Wehrmacht rund eine Million Gefallene, Verwundete, Kranke und

---

[40] Vgl. Käppner, Joachim. 1941. S. 206

Vermisste. Als Ersatz standen einschließlich der Genesenen gerade einmal 450.000 Mann bereit. Auch die Verluste an Fahrzeugen und weiterem Material waren kaum zu ersetzen. Um die geplanten Offensiven Richtung Kaukasus durchführen zu können, musste die Wehrmacht zwangsläufig auf ihren wichtigsten Vorteil verzichten, ihre Beweglichkeit. In weiten Teilen der Ostfront grub sich die Wehrmacht ein, während die verbleibenden motorisierten Einheiten für die neue Offensive zusammengezogen wurden.

Trotz der kaum zu ersetzenden Verluste des Jahres 1941 startete Hitler 1942 parallel drei Offensiven (Stalingrad, Kaukasus, El Alamein). Die enormen Verluste, welche die Rote Armee 1941 erlitten hatte, verleiteten Hitler und seinen Generalstab zu der Annahme, dass der "Russe kaputt" sei. Die Verluste der Roten Armee an Gefallenen und Kriegsgefangenen beliefen sich bis Anfang 1942 auf fast 6 Millionen Mann, von den schweren Materialverlusten ganz abgesehen. Die von den Deutschen vor der Operation Barbarossa auf 5 Millionen Soldaten geschätzte starke Rote Armee schien somit inklusive Reserven weitestgehend aufgerieben zu sein. Die Ukraine, der sowjetische Brotkorb, war erobert, ca. ein Drittel des russischen Eisenbahnnetzes war in deutscher Hand, die Produktion an Kohle, Stahl und Eisenerz war mit dem Verlust des Donez-Beckens um 3/4 gesunken und die für die Rüstungsindustrie notwendigen Bestände an Aluminium, Kupfer und Mangan gingen um 2/3 zurück.

Öl war damals der elementare Rohstoff, der für eine Kriegsmaschine unabdingbar war. Und eben an diesem Rohstoff mangelte es Deutschland. Wenn die Ölfelder im Kaukasus erobert sind, sei der Krieg gewonnen. Dies war der dominierende deutsche Zeitgeist Anfang 1942, als sich der Winter zurückzog und die schlammigen Straßen bald wieder fest genug waren, um Panzern einen schnellen Vorstoß zu ermöglichen. Wie aber bereits erwähnt, verfügte die Sowjetunion über ausreichend Reserven. Erste Hilfslieferungen aus den USA kamen in Russland an und halfen bei der Ausrüstung der frisch ausgehobenen Divisionen. Des Weiteren hatten die Sowjets ihre Lektion gelernt und ihre Taktik angepasst. Die Rote Armee zog sich "elastisch verteidigend" zurück, statt sich einkesseln zu lassen. Raum zum Ausweichen gab es genug und bei der Wehrmacht gab es nun "Luftstöße" anstelle von Kesselschlachten. 1941 gerieten 3 Millionen Angehörige der Roten Armee in Gefangenschaft. Als die Wehrmacht ihre Offensive Anfang 1942 wieder aufnahm, wurden lediglich 80.000 Gefangene gemacht. Im Kesseln von Charkow fielen noch einmal weitere 240.000 Rotarmisten in die Hände der Wehrmacht, als eine überhastete Gegenoffensive der Roten Armee in der zweiten Schlacht von Charkow scheiterte.

Operation "Fall Blau"

Für die geplante Operation "Fall Blau" wurden 41 neue Divisionen aufgestellt, davon wurden 21 von Verbündeten gestellt (zehn ungarische, sechs italienische, fünf rumänische). Die Truppen kämpften nicht weniger tapfer als die deutschen Kontingente, jedoch waren sie nicht annähernd so gut ausgerüstet und verfügten über keine schweren Waffen. Die Wehrmacht selbst konnte zudem keine Ausrüstung abgeben, da die eigenen Verluste von 1941 kaum ersetzt werden konnten. Der Roten Armee war das Ungleichgewicht bei der Ausrüstung bekannt. Daher schnappte die Falle von Stalingrad an den Frontabschnitten zu, an denen verbündete Truppen der Achsenmächte stationiert waren, nachdem sich die 6. deutsche Armee unter

General Paulus im zähen Häuserkampf in Stalingrad festgebissen hatte. In der Operation Uranus wurden am 19. November 1942 ca. 330.000 Soldaten der Achsenmächte in Stalingrad eingekesselt. Die letzten der 90.000 verbleibenden Soldaten kapitulierten am 2. Februar 1943 vor der Roten Armee. Die Gegenoffensive der Roten Armee vor Moskau im Dezember 1941 war das Ende vom Anfang, Stalingrad ein Jahr später war der Anfang vom Ende.

Laut dem Historiker Jonathan House wurde im Ursprungsplan der Operation "Fall Blau" Stalingrad nur am Rande erwähnt. Insofern möglich, könne man Stalingrad einnehmen oder lediglich unter Artilleriefeuer nehmen. Primäres Ziel von "Fall Blau" sei jedoch das kaukasische Öl gewesen. Mit seiner Weisung 45 vom 23.07.42 griff Hitler persönlich in die Planung des Unternehmens ein, indem er eine Aufteilung der Heeresgruppe Süd befahl. Gleichzeitig sollten nun die kaukasischen Ölfelder erobert und Stalingrad als Verkehrsknotenpunkt eingenommen werden, um die sowjetischen Gütertransporte abzuschneiden. Diese Zersplitterung der sowieso schon strapazierten Kräfte wird im Wesentlichen für die Ursache des Untergangs der 6. Armee in Stalingrad angesehen.

Wie konnte das Blatt gewendet werden, obwohl die Rote Armee Anfang 1942 gefühlt fast am Ende war? Weil die Rote Armee völlig unterschätzt und die Leistungsfähigkeit der Wehrmacht überschätzt wurde. Laut Clausewitz *ist ein Krieg erst gewonnen, wenn der unterlegene Kriegsgegner an seine Niederlage glaubt.* In einem ideologischen Vernichtungskrieg an seine Niederlage zu glauben, kommt aber einem Suizid gleich.

Der Abnutzungskrieg

Solange das Verhältnis der Gefallen an der Ostfront zugunsten der Wehrmacht stand, wären ein Sieg bzw. günstige Friedensverhandlungen möglich gewesen. Zu Beginn der Operation Barbarossa war, wie oben gesehen, das Verhältnis 20:1. Selbst bei Stalingrad betrug das Verhältnis noch 3:1, obwohl es ein Sieg der Rote Armee war. Stalin dachte, mit Stalingrad den Spieß umgedreht zu haben und nun die Wehrmacht vor sich her treiben zu können. Bei dem Versuch, im Anschluss an die Kapitulation der 6. Armee in Stalingrad, die Industriemetropole Charkow dauerhaft zurückzuerobern, wurde Verbände der Rote Armee im März 1943 eingekesselt und aufgerieben. General Erich von Manstein hatte mit zahlenmäßig unterlegenen Kräften und einem schnellen Manöver den Zusammenbruch der Ostfront vorerst verhindert. In Moskau war die Enttäuschung groß, als erkannt wurde, dass der Sieg in Stalingrad lediglich ein erster Schritt zur Befreiung war.

Laut der Aussage von Hillgruber und anderer Autoren[41] wäre Stalin bis Ende 1943 an einem Separatfrieden mit Hitler interessiert gewesen. Nach dem teuren Sieg bei Stalingrad wurde Stalin deutlich, dass die weiteren Kosten bis zu einem finalen Sieg sehr hoch sein würden. Kosten, welche die Sowjetunion im Vergleich zu den Westmächten stark schwächen würden und es dem Westen ermöglichen würde, Europa nach dem Krieg entsprechend ihrer eigenen Vorstellungen neu zu ordnen. Stalin lag wahrscheinlich richtig mit der Vermutung, dass die demokratischen Westmächte nicht ungern zusahen, wie sich die beiden autoritären Regime der Nazis und Sowjets gegenseitig bekämpften und schwächten.

---

[41] Hillgruber S. 105, Martin (Das Dritte Reich und die Friedensfrage im Zweiten Weltkrieg, in: Michalka, S. 526, besonders S. 542 ff.) und Mastny (S.73 ff.)

Vor diesem Hintergrund soll es eine Reihe von informellen Kontakten zwischen der UdSSR und dem 3. Reich gegeben haben, die über das neutral Schweden liefen. Hitler hat sich jedoch geweigert, diese Option in Betracht zu ziehen, und verfolgte allein die Zielsetzung Sieg oder Untergang.

Tunisgrad

Nachdem der Vormarsch des deutschen Afrika Korps bei El Alamein von den Briten gestoppt wurde und im Zuge der Operation Torch US-Truppen in West-Afrika gelandet waren, wurden die Achsenmächte in Nordafrika nach Tunesien zurückgedrängt. Mit der Kapitulation des Afrika-Korps in Tunis gerieten 150.000 gut ausgebildete deutsche Soldaten in Kriegsgefangenschaft. Hitler hatte trotz der Bitten Erwin Rommels jeglichen Rückzug verboten. Er befürchtete, dass bei einer direkten Bedrohung Italiens die Regierung in Rom die Seiten wechseln würde – was später dann auch geschah. Es ist jedoch fraglich, wie viele der deutschen und italienischen Streitkräfte im Hinblick auf die maritime Überlegenheit der Alliierten überhaupt hätten evakuiert werden können. Die Verluste wären sicherlich hoch gewesen und sämtliches schwere Kriegsmaterial hätte zurückgelassen werden müssen. Den Ausgang des Kriegs hätte es nicht beeinflusst, sondern ihn lediglich etwas verlängert. So überlebten die Angehörigen des Afrika-Korps in alliierter Kriegsgefangenschaft, anstatt irgendwo an der Ostfront verheizt zu werden. Mit der Eröffnung der zweiten Front in Italien und später der Landung der Alliierten in der Normandie konnte das 3. Reich an keiner Stelle mehr genügend Material massieren, um eine für sich günstige Materialschlacht zu schlagen. Die Wehrmachtführung setzte daher auf einen Sieg von Qualität versus Quantität.

Die Verluste in Stalingrad und Tunis waren jedoch nicht zu ersetzen. Nicht die Mannschaften, nicht deren Erfahrung und nicht das Kriegsmaterial. Somit schmolz die vermeintliche Schlagkraft der Wehrmacht dahin, auch wenn das Hitler und seine Generäle nicht wahrhaben wollten.

Kursk

Das Unternehmen Zitadelle war der letzte Versuch der Wehrmacht, das Heft des Handelns an der Ostfront wiederzuerlangen. 1943 hatte sich ein Frontbogen bei Kursk gebildet und Erich von Manstein wollte in einem schnellen Zangengriff Anfang Mai die Rote Armee dort einschließen und sich für Stalingrad revanchieren.

Die Offensive wurde aus diversen Gründen immer wieder verschoben, da zum Beispiel Hitler warten wollte, bis ausreichend moderne Panther und Tiger Panzer einsatzbereit waren. Laut Heinz Guderian war das Zeitfenster für einen Angriff bei Kursk verstrichen, während General Model meinte, die neuen Panzer würden die tiefen Abwehrschanzen sprengen. Als dann am 5. Juli 1943 das Unternehmen Zitadelle endlich startete, waren die Russen bestens vorbereitet und hatten ihre Truppen im Bogen von Kursk verstärkt. Der Angriff der Wehrmacht kam gegen den gut verschanzten Widerstand nur zäh voran. Es war die größte Landschlacht der Geschichte und bei der Ortschaft Prochoroska stießen am 12. Juli 1943 die bisher größte Konzentration von Panzern aufeinander. Die Verluste bei der Roten Armee waren weitaus höher als bei der Wehrmacht, aber es wurde kein Durchbruch erzielt.

Gegenüberstellung der Streikräfte bei Kursk am 5. Juli 1943

	Wehrmacht	Rote Armee	Verhältnis
Soldaten	625.271	1.987.463	1 : 3,2
Panzer	2.699	8.200	1 : 3
Artillerie	9.467	47.416	1 : 5
Flugzeuge	1.372	5.965	1 : 4,3

Quelle: © Bundeszentrale für politische Bildung 2022

Nachdem am 10. Juli 1943 die Alliierten auf Sizilien gelandet waren, wurde die deutsche Offensive am 16. Juli abgebrochen. Ob nun als direkte Folge der Landung oder aufgrund der sowjetischen Gegenoffensive „Operation Kutusow" am 12. Juli ist zweitrangig, denn die Wehrmacht war fortan an der Ostfront in der Defensive. Für Hitler war es scheinbar wichtiger, den Angriff der Alliierten in Italien zu stoppen, da Truppen direkt von der Schlacht bei Kursk nach Italien verlegt wurden. Von Rom nach Berlin ist es ein kürzerer Weg als von Kursk nach Berlin. Das Hinhalten der Alliierten bei Monte Cassino in Italien beendete die alliierte Mittelmeerstrategie, deren Ziel war es, über einen schnellen Vorstoß in Italien das Gros der Wehrmacht im Osten abzuschneiden und zugleich der Roten Armee einen Zugang zu Mitteleuropa zu verwehren. In diesem Fall hätten England und die USA das Nachkriegs-Europa nach ihren Vorstellungen neu ordnen können. Da der alliierte Vormarsch aber nun in Mittelitalien feststeckte, begannen die USA mit der Planung einer Landung in der Normandie – der Operation Overlord.[42]

---

[42] Vgl. Sebastian Haffner, Churchill. S. 157

Am Ende der Operationen Zitadelle am Kursker Bogen waren die Verluste auf beiden Seiten beträchtlich. Die Rote Armee hatte für jeden zerstörten deutschen Panzer sieben eigene Panzer verloren. Der Generalinspekteur für die Panzerwaffe Heinz Guderian[43] schrieb in seinen Erinnerungen:

> *„Wir hatten durch das Misslingen der ,Citadelle' eine entscheidende Niederlage erlitten. Die mit großer Mühe aufgefrischten Panzerkräfte waren durch die schweren Verluste an Menschen und Gerät auf lange Zeit verwendungsunfähig. Ihre rechtzeitige Wiederherstellung für die Verteidigung der Ostfront, erst recht aber für die Abwehr der im nächsten Frühjahr drohenden Landung der Alliierten an der Westfront war in Frage gestellt."*

Die Rote Armee konnte sich von dieser Materialschlacht viel schneller erholen. Das Leih- und Pachtgesetz der USA brachte der UdSSR dringend benötigten Treibstoff, Lastwagen, Lebensmittel und andere Ressourcen. In den Fabriken wurde der T-34-Panzer in Serie hergestellt. Ab dem Winter 1943/44 war die Rote Armee so weit und konnte ihre materielle Überlegenheit im Abnutzungskrieg gegen Nazi-Deutschland ausspielen. Die Wehrmacht musste ihre knappen Ressourcen zwischen der Ostfront und der Südfront in Italien aufteilen, wobei Frankreich zusätzlich gegen eine eventuelle Landung der Alliierten gesichert wurde. Das Blatt hatte sich endgültig gewendet.

---

[43] Heinz Guderian: Erinnerungen eines Soldaten. S. 283

Normandie

Im Vorfeld der Landung in der Normandie wurde im Mai 1944 mit gezielten Bombenangriffen auf die Leunawerke die synthetische Herstellung von Flugbenzin im 3. Reich drastisch reduziert, wodurch die Luftwaffe im entscheidenden Moment nahezu lahmgelegt wurde. Die alliierte Luftüberlegenheit nahm stetig zu und legte deutsche Städte und Industrieanlagen in Schutt und Asche. Die Luftwaffe hatte im spanischen Bürgerkrieg die Wirkung von Bombenangriffen erprobt und in den "Blitzkriegen" taktisch ausgereizt – nun kam der Bombenkrieg nach Deutschland. Der Luftkrieg verbrauchte einen großen Teil der deutschen Kriegsanstrengungen. Flugzeuge sind teuer, da sie technisch komplex sind. Sie erfordern außerdem gut ausgebildete Piloten, Mechaniker, Hilfspersonal sowie aufwendig herzustellende Materialien (Flugbenzin mit einer hohen Oktanzahl, Schmiermittel, Munition, Flugplätze usw). Der Schwerpunkt des Luftkriegs lag im Westen. Während die meisten Luftsiege der Luftwaffe an der Ostfront erzielt wurden, erlitt sie im Westen hohe Verluste. Ab 1943 gewannen die Royal Air Force (RAF) und die United States Army Air Forces (USAAF) langsam die Oberhand im Luftkrieg gegen und über Deutschland, womit noch mehr knappe Ressourcen in den Bau von Flugabwehrgeschützen, Radargeräten sowie Bunkern flossen.

Mit dem Kriegseintritt der USA war der Krieg für die Achsenmächte nicht mehr zu gewinnen. Die USA lieferte über das Leih- und Pachtgesetz enorme Mengen an Hilfsmitteln an die alliierten Staaten. 1943 konnten deutsche U-Boote ca. 3.5 Millionen Bruttoregistertonnen an alliierten Konvois im Atlantik versenken. Im selben Jahr liefen jedoch in den USA Liberty-Frachter mit einem Gesamtvolumen von 12 Millionen Bruttoregistertonnen vom Stapel.

Desmond Young beschreibt in seiner Rommel-Biografie eine Szene, in der Hitler gegenüber Rommel nach der Kapitulation des Afrika-Korps im Mai 1943 zugegeben hat, dass der Krieg nicht mehr zu gewinnen sei. Es müsse eigentlich mit der einen oder anderen Seite Frieden schließen, aber niemand wolle mit ihm Frieden schließen. Rommel sagte in diesem Kontext, dass Hitler wie ein moderner Louis XIV (L'état c'est moi) war, nicht in der Lage, zwischen seinen Interessen und denen des Staates bzw. der Deutschen zu unterscheiden. Der Gedanke, dass er abtreten könnte, um für Deutschland und Europa einen Frieden zu ermöglichen, war ihm völlig fremd.

Rommel führte weiter aus, dass ihm später am Tag des Gesprächs auffiel, dass allein Hass die Triebfeder Hitlers war. Wenn er hasste, dann mit völliger Leidenschaft und ohne jegliche Vernunft. Vernünftig sprechen konnte man mit ihm nur, wenn Hitler niedergeschlagen war. Sobald er aber wieder von Schmeichlern umringt war, wischte er alle logischen Argumente zur Seite und steigerte sich in seine Vorsehung.

1944 – Bagration

In Westeuropa verbindet man mit der Landung der Alliierten in der Normandie am 6. Juni 1944 den entscheidenden Schlag gegen Nazi-Deutschland. Wahrscheinlich auch, weil es Hollywood mit Filmen wie "James Ryan" und "Band of Brothers" gelungen ist, die Operation Overlord für Kinobesucher erlebbar zu machen. Der entscheidende Schlag gegen die Wehrmacht fand jedoch ca. zwei Wochen später an der Ostfront statt. Am dritten Jahrestag des deutschen Überfalls auf die UdSSR beginnt am 22. Juni 1944 die Operation Bagration. Anfänglich mit dem Ziel der Rückeroberung der weißrussischen Hauptstadt Minsk, weitete sie sich jedoch schnell zu einem sowjetischen Blitzsieg gegen die deutsche Heeresgruppe Mitte aus.

Der in Warschau geborene sowjetische Marschall Konstantin Rokossowski gilt als Planer der Operation Bagration, da er dem ursprünglichen Plan die entscheidende Zangenbewegung mit zwei Stoßrichtungen hinzufügte und diese auch gegenüber Stalin durchsetzte. Dadurch konnten große Truppenteile der Wehrmacht eingekesselt werden. Die Heeresgruppe Mitte hörte faktisch auf zu existieren und für die Rote Armee war nun der Weg nach Westen frei.

Konstantin Rokossowski wurde während der von Stalin befohlenen Säuberung der Roten Armee 1937 inhaftiert, gefoltert (ihm wurden die Zähne ausgeschlagen) und wegen angeblicher Spionage zu zehn Jahren Gulag verurteilt. Nach dem für die UdSSR desaströsen Winterkrieg gegen Finnland wurde er im März 1940 ohne Angabe von Gründen begnadigt und nach einem Kuraufenthalt in Sotschi (wo er neue Zähne bekam) wieder mit seinem alten Dienstgrad in die Rote Armee aufgenommen. Eine interessante Persönlichkeit, da er trotz der ungerechten Behandlung ein überzeugter Sowjet blieb und als hervorragender Taktiker der Roten Armee zum Sieg verhalf.

Die Rote Armee verstand es hervorragend, ihre Absichten im Vorfeld der Operation Bagration zu verschleiern. Während sie immer mehr Truppen im Norden an dem 1.200 km langen Frontbogen der Heeresgruppe Mitte zusammenzog, erfolgten Ablenkungsangriffe und Manöver im Süden. Es gab zwar Anzeichen für einen Angriff im Norden, jedoch wurden diese von der Aufklärung ignoriert. Zur Beurteilung der Lage *„benutzte Fremde Heere Ost nur diejenigen Informationen, die ihr ins Konzept paßten.“* [44]

---

[44] Kröker, Thomas: Fehleinschätzung der sowjetischen Operations-
absichten im Sommer 1944. Der Zusammenbruch der Hgr. Mitte.
Diss. Phil. Albert-Ludwigs-Universität. Freiburg i. Br. 1984, S. 76

Hitler selbst erwartete den Hauptangriff im Süden. Sein Denken war an wirtschaftlichen Zielen ausgerichtet und er befürchtete, dass die Rote Armee ihn von den Erdölfeldern Rumäniens abschneiden wollte. Somit wurden die Reserven der Wehrmacht in den Süden verlegt.

Im Zuge der Invasion der Alliierten in der Normandie waren alle verfügbaren Reserven der Luftwaffe nach Frankreich verlegt worden. Unter diesen Umständen konnte die Roten Armee nicht nur die Luftüberlegenheit erringen, sondern auch unentdeckt ein deutliches Kräfte-Übergewicht konzentrieren. Es standen ca. 1,4 Mio. Soldaten auf sowjetischer Seite gegen ungefähr 850.000 Soldaten auf Seiten der Heeresgruppe Mitte. Bei der Artillerie und Panzern war das Verhältnis etwa 1:10 zu Gunsten der Roten Armee. Der nördliche Umfassungsarm startete die Offensive am 23. Juni und der südliche am 24. Juni. Bis zum 27. Juni war ein Großteil der deutschen 9. Armee bei Minsk eingeschlossen.

Abb. 12: Zerstörte Fahrzeuge der deutschen 9. Armee in der Nähe Titovka/Bobruysk in Weißrussland. Zwischen 28. und 30. Juni 1944

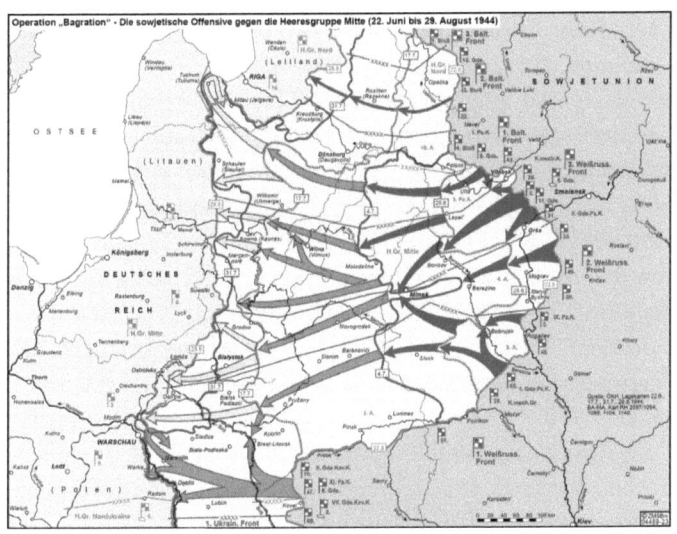

Abb. 13: Operation Bagration © ZMSBw 04489-24
Zoom-Ansicht auf www.makinghistory.de/map8

Hitler hatte eine Frontverkürzung bei der exponierten Heeresgruppe Mitte in Weißrussland nicht gestattet und stattdessen das Prinzip der festen Plätze eingeführt, an denen die Rote Armee brechen bzw. ausbluten sollte.

> *„Die ‚Festen Plätze‘ sollen die gleichen Aufgaben wie die früheren Festungen erfüllen. Sie haben zu verhindern, daß der Feind diese operativ entscheidenden Plätze in Besitz nimmt. Sie haben sich einschließen zu lassen und dadurch möglichst starke Feindkräfte zu binden. Sie haben dadurch mit die Voraussetzung für erfolgreiche Gegenoperationen zu schaffen.“*
> *Hitler, 8. März 1944*

Eben dieses Prinzip ermöglichte den umfassenden Erfolg der Operation Bagration. Diese "Festen Plätze" wurden eingeschlossen und aufgerieben. Dies führte zu weitaus höheren Verlusten als ein taktischer Rückzug. Verluste, welche die Wehrmacht an erfahrenen Mannschaften und Kriegsmaterial nicht mehr ausgleichen konnte. Als die Operation im August kurz vor Ostpreußen und Warschau zum Stehen kam, waren von den 47 Korps der Heeresgruppe Mitte 9 völlig aufgerieben und 22 in sowjetische Kriegsgefangenschaft geraten.

Laut dem Militärhistoriker Rolf-Dieter Müller betrugen die deutschen Verluste zwischen dem 22. Juni und 22. Juli 1944 ca. 250.000 Tote, Verwundete und Vermisste, während die Rote Armee ca. 440.000 Ausfälle erlitt. Die Zahlen Müllers stellen allerdings eine Untergrenze möglicher Verlustzahlen auf beiden Seiten dar.

Die Rote Armee hatte sogar noch ausreichend Reserven um am 20. August 1944 eine weitere Offensive gegen Rumänien zu starten. Im Zuge der "Iassy-Kishinev Operation" gegen die Heeresgruppe Südukraine wurden zwei rumänische Armeen und die 6. Armee zerschlagen. Nun gingen auch die wichtigen Ölfelder bei Ploesti für das 3. Reich verloren.

Die Niederlage der Heeresgruppe Mitte stellt „Stalingrad weit in den Schatten".[45] Die Operation Bagration besitzt zwar nicht die Symbolik von Stalingrad, war jedoch in ihren Ausmaßen noch katastrophaler.

Neben den enormen Verlusten war nun auch der Siegeswille der Wehrmacht endgültig gebrochen. Man kämpfte weiter, um sich und seine Heimat zu verteidigen, aber nicht mehr, um den Krieg zu gewinnen.

---

[45] Hillgruber, Andreas: Der Zusammenbruch im Osten 1944/45 als Problem der deutschen Nationalgeschichte und der europäischen Geschichte. Hg. von der Rheinisch-Westfälischen Akademie der Wissenschaften, Düsseldorf 1985, S.14

Hitlers letztes Ziel

Hitler gewann jedoch Zeit, was vielleicht seine Absicht hinter der Strategie der Festen Plätze war. Hätte sich die Wehrmacht taktisch zurückziehen können, stünde die Rote Armee schon in wenigen Wochen vor der Grenze Deutschlands und dann wäre die Stabilität einer nationalsozialistischen Regierung nicht mehr garantiert – wie auch das gescheiterte Stauffenberg Attentat vom 20. Juli 1944 belegt. Bei der starren Verteidigung der Festen Plätze wurden zwar die Wehrmachtsverbände aufgerieben, zugleich aber auch mehrere Divisionen der Roten Armee gebunden. Insofern der Krieg nicht mehr zu gewinnen war, brauchte Hitler die Wehrmacht nicht zu schonen. Wichtiger war für ihn Zeit, um sein einziges noch erreichbares Ziel umzusetzen: Die Vernichtung der europäischen Juden – der Holocaust.

Bereits Ende 1941, als sich zu ersten Mal die Möglichkeit eines Scheiterns abzeichnete, hatte Hitler im Privatgespräch einem Diplomaten gegenüber geäußert:

*"Wenn das deutsche Volk einmal nicht mehr stark
und opferbereit genug ist, sein Blut für seine
Existenz einzusetzen, so soll es vergehen und von
einer anderen, stärkeren Macht vernichtet werden.
Ich werde dem deutschen Volk keine Träne nachweinen."
Von Bismarck zu Hitler, Sebastian Haffner, S. 300*

Wenn das deutsche Volk den totalen Rassenkrieg nicht gewinnen konnte, dann sollte es auch gemäß Hitlers Logik zusammen mit seinem "Führer" untergehen, was sein Nero-Befehl (Zerstörung der deutschen Industrie & Infrastruktur) vom 19. März 1945 belegt.

Exkurs – Die preußische Militärtradition

Die Bereitschaft, militärisch alles auf eine Karte zu setzen, liegt in der preußischen Militärtradition begründet. Friedrich der Große und sein Leitsatz, ein Krieg müsse "kurz und vives" sein, war das Vorbild. Preußen war zu seiner Zeit eine kleine Regionalmacht, die sich keinen langen Krieg leisten konnte. Deshalb sollten Kriege durch gezielte und heftige Angriffe schnell entschieden werden. Das Motto hieß: *"Die preußische Armee greift immer an."*

Die Militärdoktrin, Kräfte zu bündeln und dann massiv zuzuschlagen, setzte sich im deutschen Kaiserreich fort, wie im Schlieffen-Plan zu erkennen war. Jedoch war diese Doktrin mit hohen Risiken verbunden, wofür die Verläufe beider Weltkriege ein Beleg sind. Der Wunsch, den Krieg offensiv über die Grenzen Deutschlands zu tragen, hing auch mit der Erfahrung des 30-jährigen Krieges 1618 bis 1648 zusammen, in dem ca. ein Drittel der deutschen Bevölkerung ihr Leben ließ. Nach diesem Trauma sollte kein Krieg mehr auf deutschem Boden stattfinden.

Nach den Erfahrungen des 1. Weltkriegs wurde die "preußische" Militärdoktrin weiterentwickelt. Durch die Konzentration von Panzern in mobilen Verbänden sollte das Erstarren der Front wie im 1. Weltkrieg verhindert werden. Laut Heinz Guderian sollten diese mobilen Kräfte auf einen Punkt konzentriert werden, um einen Durchbruch zu erzwingen. Risiken wurden hierbei in Kauf genommen, um den Überraschungsmoment ausnutzen zu können. Geführt wurden die Operationen von vorne, um sich schnell den jeweiligen Gegebenheiten anpassen zu können. Taktisch wurde diese Doktrin mit der Führungsmethode „Auftragstaktik" oder "Führen mit Auftrag" abgerundet. Der Vorgesetzte gibt ein Ziel aus, lässt aber genügend Spielraum, wie dieses Ziel erreicht wird.

Das schafft Vertrauen und der Beauftragte kann nach eigenem Ermessen auf Veränderungen reagieren. Der preußische Militärwissenschaftler Clausewitz bezeichnete feindliche Gegenmaßnahmen und Schwierigkeiten, die den wirklichen Krieg von der militärischen Planung unterschieden, als Friktionen. Die Auftragstaktik kann somit auch als situative Führung verstanden werden, um vermeintlich besser auf Friktionen reagieren zu können.

Das Scheitern der deutschen Militärtradition in Russland

Diese Kombination aus den Doktrinen: a) Bewegungskrieg, b) Auftragstaktik und c) Verbundene Kräfte verhalf der Wehrmacht anfangs zu einer qualitativen Überlegenheit gegenüber den anderen Streitkräften der damaligen Zeit. Diese Vorteile schmolzen aber in Russland zunehmend dahin. Riesige Distanzen, schlechte Infrastruktur und ein harsches Klima sorgten in Russland für einen hohen Materialverschleiß. Dazu kamen die Verluste bei Kampfhandlungen. Allein bei der Heeresgruppe Nord fielen bis Ende 1941 ca. 40 % der Lastwagen aus. Somit verlor die Wehrmacht zunehmend ihre Beweglichkeit, während die Rote Armee taktisch dazulernte und – auch dank der Hilfslieferungen aus den USA – die Beweglichkeit ihrer Divisionen stetig ausbaute.

Die „Auftragstaktik" und der „Kampf mit verbundenen Kräften" erforderte gut ausgebildete Offiziere, die mit den zunehmenden Verlusten immer schwerer zu ersetzen waren. Die neuen Offiziere waren zudem stärker nationalsozialistisch indoktriniert und hielten sich größtenteils starr an Hitlers Befehle. Mit der Einführung der "Festen Plätze" wurde das Prinzip der Auftragstaktik ausgehebelt.

Die Wehrmacht verlor damit ihre Flexibilität, die auf der Initiative und dem Engagement der Truppenführer beruhte. Somit ging der letzte qualitative Vorteil der Wehrmacht gegenüber einer quantitativen Überlegenheit verloren.

Die russische Armee kannte keine operativen Freiräume und war es gewohnt, Befehle strikt auszuführen. Dies führte zu immensen Verlusten, sobald die Rotarmisten immer wieder frontal die ausgebauten Stellungen der Deutschen stürmen mussten. Die politischen Kommissare sorgten dafür, dass die Befehle Stalins selbst dann ausgeführt wurden, wenn sie eigentlich selbstmörderisch waren.

Richard Overy schreibt in seinem Buch "Russlands Krieg: 1941 - 1945", dass im 1. Weltkrieg täglich 7.000 Angehörige der Zaristischen Armee gefallen sind. Dieser enorm hohe Wert wurde im 2. Weltkrieg mit täglich ca. 8.000 toten Rotarmisten sogar noch übertroffen. Er konstatiert hieraus, dass die hohen Verluste nicht nur an Stalin und den Polit-Kommissaren lagen, sondern Opferbereitschaft scheinbar auch Teil der russischen Kultur sei. Dr. Jonathon House [46] hebt zwei russische Taktiken hervor, welche der Roten Armee neben der materiellen Überlegenheit ab spätestens 1943 zum Sieg verholfen haben:

1. Maskirovka heißt auf Russisch „Tarnung und Verschleierung", was die Rote Armee zur Perfektion brachte. Den Deutschen blieben oftmals die wahren Absichten verborgen, wie bei der Gegenoffensive in Kursk oder bei der Operation Bagration, wo tagsüber Panzereinheiten unter den Augen der Deutschen abgezogen wurden, nur um nachts wieder die alten Stellungen einzunehmen.

---

[46] Dr. Jonathon House. How the Red Army Defeated Germany: The Three Alibis. https://www.youtube.com/watch?v=zinPbUZUHDE (22.02.22)

2. Tiefe Operation ist eine Militärdoktrin, die ursprünglich in den 20er Jahren in der UdSSR entwickelt wurde. Bei einem Durchbruch stießen mobile Einheiten tief ins Feindesland vor, um die Neuformierung des Gegners zu stören. Dank der Ausrüstung mit US-Lastwagen und ausreichend Öl/Benzin konnte diese Taktik ab 1943 wirkungsvoll von der Roten Armee angewendet werden.

Als der 2. Weltkrieg im September 1939 ausbrach, war die Wehrmacht die modernste Armee ihrer Zeit. Hitler wählte per Zufall den idealen Zeitpunkt für den Beginn der militärischen Auseinandersetzung. Die Appeasement-Politik der West-Alliierten war erst ein halbes Jahr vorher im März 1939 gescheitert und es blieb wenig Zeit, den Rüstungsvorsprung der Wehrmacht einzuholen. Außerdem nutzte die Wehrmacht – da sie nach den Bedingungen des Versailler Vertrags komplett neu aufgebaut werden musste – die modernste Technologie der Zeit. Jeder Panzer war mit Funk ausgerüstet, während sich die französische Armee noch auf Meldeläufer verließ. Viele der höheren Offiziere der Wehrmacht hatten bereits im 1. Weltkrieg gekämpft und verfügten über entsprechende Erfahrung, die in der Anwendung neuer Militärdoktrinen zum Tragen kam. Die alliierte Kriegsführung hatte sich hingegen kaum weiterentwickelt – immerhin hatten sie den 1. Weltkrieg gewonnen und sahen keine Notwendigkeit für Reformen. Erst als die Alliierten überrascht (und teilweise überrannt) von den schnellen Siegen der Wehrmacht ihre Armeen ebenfalls modernisierten, konnten sie sich gegenüber der Wehrmacht behaupten. Im folgenden Abnutzungskrieg war der Sieg der Alliierten aufgrund der materiellen Überlegenheit – spätestens seit dem Kriegseintritt der USA – eine Frage der Zeit.

Partisanen

Der Partisanenkrieg war eine Konsequenz der deutschen Kriegserklärung an die Zivilbevölkerung. In herkömmlichen Kriegen wird der Konflikt zwischen den beteiligten Armeen ausgetragen. Ein ideologischer Rassenkrieg macht allerdings die gesamte Bevölkerung zur Zielscheibe, weshalb sie auch das Recht hat, sich zu wehren.

In seiner Studie über den Partisanenkrieg in Weißrussland resümiert der polnische Historiker Bogdan Musial, dass dort ca. 7.000 deutsche Soldaten von Partisanen getötet wurden, wobei offiziellen sowjetischen Angaben zufolge in Weißrussland 282.000 Partisanen aktiv gewesen sein sollen. Er kommt zu dem Schluss, dass die primäre Tätigkeit der Partisanen nicht der Kampfeinsatz gegen die Besatzer war, sondern die Nahrungsbeschaffung, wobei es auch zu Gewalt gegen die eigenen Landsleute kam. Sie stellten jedoch eine ernstzunehmende Gefahr für die überdehnten deutschen Nachschub-Verbindungen dar. In der Operation Schienenkrieg gelang es Partisanen, die von der Roten Armee mit ausreichend Sprengstoff versorgt wurden, zum Zeitpunkt der Gegenoffensive in Kursk die Bahnverbindung für 48 Stunden zu unterbrechen. General Heinrici schrieb im Oktober 1943:

> *„Man kann heutzutage nicht mehr abends aus Russland mit dem Reich sprechen, denn gewöhnlich sind ab 20 Uhr sämtliche Leitungen nach dem Reich durch Sprengung oder Sabotage gestört, um erst am Vormittag wieder in Gang zu kommen. Hinter unserm Rücken ist nicht mehr Partisanen-Tätigkeit, sondern im Wesentlichen das ganze Land im Aufruhr. Einigermaßen Friede herrscht nur im Bereich der Front, weil dort zu viele Soldaten sind."*
>
> *J. Hürter, Notizen aus dem Vernichtungskrieg. S. 222.*

Hitlers Generäle

Hitler wie Stalin hielten sich für große Strategen. Stalin merkte jedoch recht schnell, dass es sinnvoller war, seinen Generälen freie Hand zu lassen. Sollten sie scheitern, würden sie die alleinige Schuld tragen und sollten sie siegen, konnte Stalin davon nur profitieren. Hitler verwies oft auf seine Kriegserfahrung als Frontsoldat im 1. Weltkrieg, wodurch er gegenüber seinen Generälen besser wissen würde, was man einem Frontsoldaten zumuten könne. Als Meldeläufer wurde er im Verlauf des 1. Weltkriegs einem Stab zugewiesen, wo er die Reaktion des Oberkommandos auf die Rücknahme der Truppen auf die Siegfriedstellung im Frühjahr 1917 miterlebte. Diese Frontbegradigung ging den Generälen damals zu schnell vonstatten, als wenn ein Rückzug eine Art Sogeffekt entwickeln würde. Für Hitler war dies eine einschneidende Erfahrung, weshalb er später jedem taktischen Rückzug skeptisch gegenüberstand.

Hitler griff regelmäßig in die militärische Planung ein und erschwerte – insbesondere im späteren Kriegsverlauf – mit seinen starren Haltebefehlen eine flexible Kriegsführung. Die deutschen Militärs wollten sich nach 1945 reinwaschen und allein Hitler die Schuld an dem Krieg, den Verbrechen sowie dem Scheitern zuweisen. Insbesondere General Franz Halder sorgte für eine Legendenbildung. In Kriegsberichten, die er im Auftrag der US-Regierung über den 2. Weltkrieg erstellte, wies er oftmals die alleinige Schuld an militärischen Niederlagen Hitlers Entscheidungen zu. Heute wissen wir, dass sich die deutschen Generäle von Hitler haben korrumpieren lassen und ihm bereitwillig sowie im vorauseilenden Gehorsam folgten, solange das Kriegsglück auf ihrer Seite stand.

Der Autor Joachim Käppner (1941, S. 251) skizziert sehr treffend den Zeitgeist dieser Generäle, der sie empfänglich für die aggressive Außenpolitik des 3. Reiches machte.

"Viele von ihnen, ja die meisten, waren mit den Idealen des Kaiserreiches aufgewachsen, knochenkonservativ. überheblich, voll revanchelüsterner Sehnsucht, die "Schmach von 1918" zu tilgen."

Manfred Messerschmidt, der Begründer einer kritischen Militärhistorie, attestiert dem deutschen Militär im 2. Weltkrieg eine *"Teilidentität der Ziele"* mit dem Nationalsozialismus. Die Ziele mögen nicht dieselbe Einfärbung und den gleichen Ursprung gehabt haben, aber sie haben sich ausreichend überschnitten. Der Plan einer Herrschaft über Osteuropa entsprach einem unter deutschen Offizieren weit verbreiteten "Junker-Denken". Viele Soldaten der Reichswehr hatten sich direkt nach dem 1. Weltkrieg bei den Freikorps einschreiben lassen, die ganz in der Tradition des Deutschen Ritterordens Land & Wohlstand im Baltikum erobern wollten. Die Autoren H. Welzer und S. Neitzel beschreiben in ihrem Buch „Soldaten" (S. 270) den Zeitgeist der deut. Militärs wie folgt:

„Mindestens bis 1942, nach dem ersten russischen Kriegswinter, schien sich das emotionale Investment auszuzahlen: Die gefühlte nationale Größe, verkörpert in den scheinbaren und faktischen Erfolgen des Regimes, ergab eine beachtliche Rendite auf die investierten Gefühle und Energien - etwa in dem Sinne, wie es der Schriftsteller W. G. Sebald den Volksgenossen zuschreibt, »im August 1942, als die Spitzen der sechsten Armee die Wolga erreicht hatten und als nicht wenige davon träumten, wie sie nach dem Krieg in den Kirschgärten am stillen Don auf einem Landgut sich niederlassen wollten« "

Der Widerwille gegen den Kommunismus war ein weiterer bindender Faktor. Viele der höheren Wehrmachtsoffiziere hatten am eigenen Leibe erlebt, wie sich während der Revolution im November 1918 Soldatenräte gebildet hatten und Offiziere der Reichswehr entwaffnet wurden. Diese Erfahrung war einschneidend und schuf eine tiefe Skepsis der deutschen Militärführung gegen jede Form von "Volksherrschaft", ob nun kommunistisch oder demokratisch. Somit war das Militär auch in großen Teilen nicht bereit, die junge Weimarer Demokratie zu unterstützen bzw. zu verteidigen.[47]

Kampf bis zum Untergang

Generäle, die offen aussprachen, dass der Krieg nicht mehr zu gewinnen war, wurden von Hitler entlassen und durch linientreue Generäle ersetzt. Die preußische Offizierskaste ahnte, dass sie nach diesem Krieg in einem zukünftigen deutschen Staat keine Rolle mehr spielen würde. Zu groß waren die Verbrechen, an denen sie direkt oder indirekt beteiligt waren. Vielleicht auch deshalb waren einige von ihnen empfänglich für Hitlers Endsieg-Fantasien. Einige andere Offiziere wurden sich jedoch einer gewissen Verantwortung bewusst und planten ein Attentat auf Hitler. Diese Widerstandsgruppe bestand überwiegend aus adligen Offizieren. Seit Generationen hatte der Adel untereinander geheiratet und diese Tradition setzte sich auch nach Ende des Kaiserreichs fort. Somit hatten die adligen Offiziere ein familiäres Netzwerk, das es ermöglichte, delikate Themen in einem privaten Rahmen anzusprechen und ähnlich Denkende einzubinden. Nach diversen gescheiterten Versuchen sollte Hitler am 20. Juli 1944 durch eine von Stauffenberg platzierte Bombe in dem

---

[47] Vgl. Joachim Käppner, 1941. S. 257 ff.

ostpreußischen Hauptquartier Wolfsschanze ausgeschaltet werden. Hitler überlebte jedoch wider Erwarten das Attentat und fühlte sich dadurch sogar in seiner Vorsehung bestärkt, den Kampf bis zum Untergang weiterzuführen.

Die Widerstandsgruppe um Henning von Tresckow und Rudolf-Christoph von Gersdorff hätte nach dem Tod Hitlers die Macht übernehmen, den Krieg im Westen beenden und im Osten defensiv weiterführen wollen. In der Konferenz von Casablanca im Januar 1943 hatten sich jedoch die Alliierten auf die bedingungslose Kapitulation Deutschlands geeinigt. Ein separater Frieden mit nur einer Seite war also nicht möglich. Die Formulierung „unconditional surrender" stammte aus dem amerikanischen Bürgerkrieg. Übertragen auf den 2. Weltkrieg blieb somit nur ein Kampf bis zum bitteren Ende, da diplomatische Optionen nicht gezogen werden konnten. Zum einen war dies in Hitlers Sinne, da er an keinem Kompromiss interessiert war. Zum anderen erschwerte es dem deutschen Widerstand, ein Zeitfenster für eine vermeintlich erfolgreiche Revolte zu finden. Bis Stalingrad war Hitler aufgrund der militärischen Erfolge zu populär und nach der Konferenz von Casablanca war eine bedingungslose Kapitulation Deutschlands für die Alliierten die einzige Option für einen Frieden. Zum damaligen Zeitpunkt undenkbar für den deutschen Zeitgeist.

Die Offiziere des deutschen Widerstands riskierten ihr Leben, um den Amoklauf des Regimes zu stoppen und verdienen ein ehrenvolles Andenken. Das Scheitern des Umsturzversuchs von 20. Juli 1944 machte im Kontext der totalen Niederlage im Mai 1945 zugleich eine vollständige Entnazifizierung und Aufarbeitung des 3. Reiches möglich – ohne die Entstehung einer zweiten "Dolchstoßlegende". Deutschland hatte sich vom Teufel zu einem Tanz im Mondlicht verführen lassen, entsprechend hoch war der Preis, als der Morgen dämmerte.

Exkurs – die Rolle der USA

Roosevelt bezeichnete die USA als das Arsenal der freien, demokratischen Welt. Über das Leih- und Pachtgesetz ließ er jeder Nation Waffen und Hilfsmittel zukommen, die gegen "the evil forces" kämpfte. Für ihn waren die drei totalitären Systeme - nämlich Deutschland, Italien und Japan - Mächte des Bösen, die nicht ruhen würden, bis sie die freie Welt versklavt hätten.

> *"Wenn Großbritannien fällt, werden die Achsen-mächte Europa, Asien, Afrika kontrollieren - und in der Lage sein, enorme militärische und maritime Kräfte gegen diese Hemisphäre zu mobilisieren."*
>
> *Roosevelts "fireside chat" Radiosendung vom 29. Dezember 1940* [48]

Roosevelt erkannte, dass er über das Leih- und Pachtgesetz auch ohne direkt Kriegsbeteiligung der USA den Kampf gegen Nazi-Deutschland unterstützen konnte. Zugleich würde die damit verbundene Aufrüstung der US-Wirtschaft helfen und die wirtschaftliche Not vieler US-Amerikaner beenden. Die Arbeitslosigkeit in den USA war 1938 höher als in Deutschland. Hitler hatte im Gegensatz zu Roosevelt die Massenarbeitslosigkeit beseitigt. Dies erweckte den Eindruck, als wenn autoritäre Systeme besser mit den wirtschaftlichen Problem umgehen konnten, als es in einer Demokratie der Fall war. Dies war ein Problem für die demokratischen USA, denn somit drohten Wähler in das rechte (Faschisten) oder linke (Kommunisten) Lager abzuwandern, was die innere Stabilität der USA gefährden würde.

---

[48] Kershaw, Fateful Choices, S. 229

"True individual freedom cannot exist without economic security and independence. People who are hungry and out of a job are the stuff of which dictatorships are made."

Franklin Roosevelt, Message to Congress, 11.01.1944

Die Erfahrung des 1. Weltkriegs hatte gezeigt, wie belenbend ein europäischer Krieg für die US-Wirtschaft sein konnte. Roosevelt sah in einer aktiven oder passiven Kriegsbeteiligung die Möglichkeit, das Arbeitslosenproblems zu lösen. Jedoch war die US-Bevölkerung kriegsunwillig und lehnte jede Einmischung ab. Isolationismus war ein Ausdruck des damaligen US-amerikanischen Zeitgeistes.

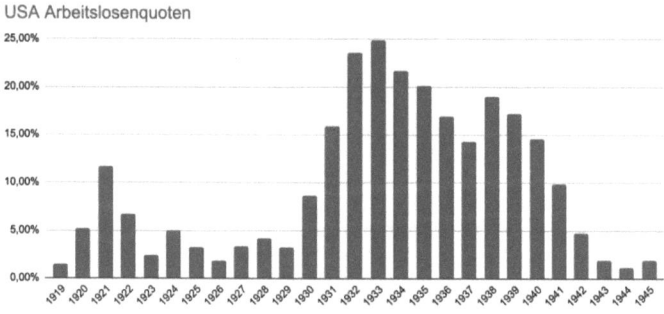

Abb. 14: Arbeitslosenquote USA 1919 bis 1945

Obwohl sich Präsident Roosevelt 1940 mit dem Versprechen, nicht in den Krieg eintreten zu wollen, wiederwählen ließ, plante er sukzessive die Aufhebung der Isolation.

Über das Leih- und Pachtgesetz vom 11. März 1941 konnten *"jegliche Art von Rüstungsgütern"* jeder Nation zur Verfügung gestellt werden, *"deren Verteidigung der Präsident für die Verteidigung der Vereinigten Staaten für lebenswichtig erachtet"*. So lieferten die neutralen USA am 2. September 1940 im "Destroyers for Bases Agreement 50 Zerstörer an England und etwas später übernahm die US-Navy den Begleitschutz britischer Konvois gegen deutsche U-Boote. Diese Unterstützung ließ sich Roosevelt teuer von Churchill bezahlen. Nicht nur mit britischen Goldreserven, sondern auch mit Stützpunkten in der Karibik und Handelsrechten. Die USA nutzten die Notlage Englands, um die Weltmachtposition des Britischen Empires auszuhöhlen und den eigenen Aufstieg zur Weltmacht vorzubereiten.

Der Historiker Correlli Barnett beschrieb Churchills Verhältnis zu Roosevelt wie folgt:

> *"Churchills Politik bot den Amerikanern daher die Möglichkeit, erstens durch britische Rüstungsaufträge zu prosperieren, und zweitens die britische Weltmacht zu demütigen, was ein lang gehegter amerikanischer Wunsch war. Von 1940 bis zum Ende des Zweiten Weltkriegs und danach war es Amerika, nicht Russland, welches die Hauptbedrohung für britische Interessen darstellte, was Churchill in seiner leidenschaftlichen Besessenheit Deutschland zu besiegen, nicht wahrnahm."*
>
> Correlli Barnett, The Collapse of British Power, 1972

Über Japan verhängte Roosevelt aufgrund des Japanisch-Chinesischen Kriegs ein US-Embargo. Wohl wissend, dass er damit Japan, als ein rohstoffarmes Land, in die Knie zwingen konnte. Die japanische Kriegswirtschaft war nun von den lebenswichtigen Öllieferungen abgeschnitten und die verbleibenden Reserven reichten noch für ungefähr ein Jahr. Japan wurde somit in die Ecke gedrängt und setzte zum Befreiungsschlag an. Mit dem Angriff der Japaner auf Pearl Harbor im Dezember 1941 wurde die USA aus ihrem Isolationismus gerissen. Hitler erklärte wenige Tage später ebenfalls den USA den Krieg. In nur kurzer Zeit wurde die US-Wirtschaft mobilisiert und produzierte Kriegsmaterial in bisher unvorstellbaren Mengen.

Warum erklärte Hitler der USA den Krieg?

Die USA befanden sich schon vor der Kriegserklärung faktisch im Kriegszustand mit Nazi-Deutschland. Ein Vergleich des besagten Destroyer-Deals hebt dessen Bedeutung hervor: Während die USA 50 Zerstörer an England lieferten, verfügte die deutsche Kriegsmarine zu Beginn des Krieges über lediglich 21 Zerstörer [49]. Im Atlantik gerieten Begleitschiffe der US-Navy und deutsche U-Boote aneinander. Island wurde von 4.400 US-Soldaten besetzt, damit die dort stationierten britischen Truppen anderweitig eingesetzt werden konnten. Hitler glaubte also fest daran, dass die USA spätestens 1942 in einen aktiven Krieg gegen Deutschland eintreten würden, und er nahm fälschlicherweise an, dass die Sowjetunion Anfang Dezember 1941 kurz vor dem Zusammenbruch stand. Mit der Kriegserklärung im Dezember 1941 hätte Nazi-Deutschland seiner Ansicht nach den Vorteil des Überraschungsmoments. Zumal die USA erstmal mit Japan beschäftigt sein würden.

---

[49] Das Deutsche Reich und der Zweite Weltkrieg, Band 6, S. 276 & 398

Die Kriegsmarine unter Admiral Erich Raeder wollte schon lange freie Hand gegen die US-Navy haben, um die britischen Konvois effektiver bekämpfen zu können. Außerdem könnten die USA durch einen U-Boot-Krieg der Nadelstiche empfindlich gestört werden.

Hitlers Fehleinschätzung zur Kriegserklärung an die USA bzw. der deutsche Zeitgeist Anfang Dezember 1941 lässt sich in vier Punkten zusammenfassen:

1. Bis die US-Kriegsmaschine voll mobilisiert ist, würde die Wehrmacht ihre militärischen Ziele im Osten, Mittelmeerraum und Atlantik erreicht haben.

2. Die japanische Offensive hat genügend Stärke und Ausdauer, um einen substanziellen Teil des anglo-amerikanischen Militärpotentials für eine beträchtliche Zeit im Pazifik zu binden.

3. Unter diesen Umständen könnten die USA in absehbarer Zeit keinen offensiven "Two Ocean War" führen.

4. Dass sich Japan als Gegenleistung an dem Krieg gegen die UdSSR beteiligt.

In diesem Kontext ist die Entscheidung bedingt nachvollziehbar. Zumindest bis sich herausstellte, dass man die Mobilisierungsgeschwindigkeit der USA stark unterschätzt und die Schlagkraft der Japaner überschätzt hatte. Darüber hinaus besaß Nazi-Deutschland keinerlei Möglichkeit, die USA militärisch zu besiegen. Dafür fehlte es an Stützpunkten im Atlantik, Langstrecken-Bombern und Flugzeugträgern. Die USA hingegen konnte Truppen und Bomber in England stationieren, was sie dann auch bald taten.

Der amerikanische Gigant

Über das Leih- und Pachtgesetz schickten die USA große Mengen an Kriegsmaterial und Ressourcen nach Russland. Die Hilfslieferungen entsprachen ca. 4% der sowjetischen Kriegswirtschaft. Ab 1943/44 verbesserten die gelieferten US-Lastwagen die Mobilität der Roten Armee gegenüber der Wehrmacht signifikant, was zu einem entscheidenden Vorteil im Bewegungskrieg führte. Für jeden während des Krieges in Deutschland hergestellten LKW erhielt die UdSSR fünf aus den USA. Außerdem wurde die Hälfte des Bedarfs an hochoktanigem Flugbenzin sowie ca. 4.000 Tonnen Lebensmittel geliefert. Die mit der UdSSR verbündete Mongolei lieferte als sowjetischer Satellitenstaat in der gleichen Zeit ca. 40.000 Stück Vieh und einige zehntausend Tonnen Wolle. Ohne die US-Hilfslieferungen hätte die Rote Armee den Krieg ebenfalls höchstwahrscheinlich gewonnen, nur hätte es länger gedauert.

Abb. 15: Foto: D-Day "Operation Overlord"

In der Operation Overlord landeten die Alliierten am 6. Juni 1944, dem D-Day, in der Normandie. Dass die USA neben dem Krieg im Pazifik und der Offensive in Italien nun noch eine dritte Offensive planen und umsetzen konnten – wobei sie parallel sämtliche Alliierten über das Leih- und Pachtgesetz mit Hilfsmitteln versorgten – gibt ein Bild von der gewaltigen Kriegsindustrie, die Roosevelt aufgebaut hatte. Die Arbeitslosenquote war von 17,1 % im Jahr 1939 auf 1,2 % im Jahr 1944 gesunken.

Das Leih- und Pachtgesetz und der Kriegseintritt der USA haben den Krieg erheblich verkürzt und somit noch mehr Leid verhindert. Nach dem Krieg wurde das zerstörte Europa inklusive Deutschlands mit dem Marshallplan wieder aufgebaut. Ohne diese massive US-Hilfe wäre ein Wiederaufbau und somit eine Rückkehr Westeuropas zur Normalität sehr schwierig geworden. Über Osteuropa hingegen ließ Stalin den eisernen Vorhang fallen.

Verbrechen

Auch wenn dieser Text aus einem militärhistorischen Interesse heraus geschrieben worden ist, darf man die nationalsozialistischen Verbrechen nicht unerwähnt lassen. Insbesondere da der Text auch Passagen besitzt, die erläutern, welche Fehler das 3. Reich hätte vermeiden sollen, um den Krieg militärisch zu gewinnen. Moralisch hätte Nazi-Deutschland den Krieg niemals gewinnen dürfen. Es war das Reich des Bösen.
Der Mord an den Juden hatte im besetzten Polen begonnen und radikalisierte sich eigendynamisch in den eroberten Gebieten der Sowjetunion.[50] Etwa 6 Millionen polnische Bürger kamen während des Krieges ums Leben.

---

[50] Vgl. Joachim Käppner, 1941. S. 218

Die Hälfte von ihnen waren Juden. Im Gebiet der Sowjetunion wurden ca. 2.6 Millionen Juden ermordet. Allein im September 1941 wurden in Babyn Jar in der Nähe von Kiew innerhalb von 36 Stunden 33.771 Juden von Einsatzgruppen erschossen. Es gab vier Einsatzgruppen (A, B, C und D), die jeweils der Front folgten und eine „rassenideologische Säuberung" des eroberten Lebensraums vornahmen. Sie wurden bereits vor dem Überfall auf die Sowjetunion extra für diese Aufgabe aufgestellt.

> *"Das Gespenstische an Planung und Ausführung des Holocaust ist, dass sich das Geschehen zwar relativ genau rekonstruieren lässt, aber doch so irrational, so abgründig war, dass es sich dem Verstehen immer wieder entzieht. Die Wahnvorstellung des Diktators und der Naziführung war die eine Sache, aber es gelang ihnen ohne große Mühe, eines der entwickeltsten Länder der Welt in deren Dienst zu stellen."*
> *Joachim Käppner, 1941. S. 228*

Die Autoren Götz Aly und Susanne Heim arbeiten in ihrem Buch "Vordenker der Vernichtung" heraus, dass die Vernichtung und Vertreibung von Juden, Slawen und anderer Völker nicht nur von "oben" befohlen wurde, sondern von einem Heer von namenlosen "Wirtschafts- und Wissenschaftsexperten" akribisch vorbereitet wurde. Daniel Goldhagen prägte hierfür das Bild der „willigen Vollstrecker". Diese ehrgeizigen Opportunisten haben den Genozid erst möglich gemacht. Ziel war es, zunächst Deutschland und dann den gesamten europäischen Kontinent eine neue soziale Ordnung aufzuzwingen. Grundlage dieser Ordnung waren feudale Strukturen, die eine ökonomische Ausbeutung der unterworfenen

Gebiete ermöglichten sollten. Diese "Expertokratie" kannte im 3. Reich weder moralische noch politische Grenzen. Nach dem Krieg machten nicht wenige von ihnen Karriere in der Bundesrepublik.

> *"Die (deutschen) Soldaten, die 1945 heim-*
> *kamen, standen nicht nur materiell vor dem*
> *Nichts. Sie hatten überlebt, gewiss, viele an*
> *Körper und, noch mehr, an Seele gezeichnet. Sie*
> *hatten viele Jahre gekämpft - aber wofür? Nie*
> *zuvor in der Geschichte waren so viele*
> *Menschen für eine so schlechte Sache in den*
> *Krieg gezogen."*
> *Joachim Käppner, 1941. S. 267*

Befreiung

Am Ende verdankt Europa die Befreiung vom Nationalsozialismus dem roten Stern – und somit mag dies die größte Leistung des Kommunismus sein. In Westeuropa wird die Befreiung mit dem D-Day in der Normandie in Verbindung gesetzt. Doch eine Landung in Frankreich wäre kaum erfolgreich gewesen, wenn die Wehrmacht nicht vorher im Osten von der Roten Armee niedergekämpft worden wäre. Die Wehrmacht verzeichnete 72% der Verluste (8 von 11) an der Ostfront und die Sowjetunion zahlte mit 27 Millionen Opfern einen sehr hohen Preis dafür.

Der Krieg gegen die UdSSR war strategisch für Nazi-Deutschland nicht zu gewinnen, da Hitler zu keinem Zeitpunkt strategisch dachte. Nazi-Deutschland führte einen ideologischen Vernichtungskrieg, der an Brutalität und Grausamkeit alleinstehend in der Geschichte ist.

Mit der sich abzeichnenden militärischen Niederlage intensivierte Hitler den Holocaust, da dies das einzige noch erreichbare Ziel seiner Weltanschauung war. Der Shoah (hebräisch für „Untergang, Katastrophe"), wie der Holocaust in Israel genannt wird, wurden über 6 Millionen Juden systematisch von den Nazis ermordet. Claude Lanzmann hat 1985 einen neunstündig „Film gegen das Vergessen" mit dem Namen „Shoah" veröffentlicht, den ich den Lesern dieses Buches gern empfehlen möchte.

Am Ende siegte das Gute über das Böse, weshalb der 2. Weltkrieg ein gerechter Krieg war – in Abgrenzung zu dem ungerechten 1. Weltkrieg, in den die Nationen ohne Sinn und Verstand hineingestolpert waren. Daher schließe ich mit einem Zitat von Hannah Arendt, das unterstreicht, warum nur das Gute siegen konnte.

> *"Ich bin in der Tat heute der Meinung, dass das Böse immer nur extrem ist, aber niemals radikal, es hat keine Tiefe, auch keine Dämonie. Es kann die ganze Welt verwüsten, gerade weil es wie ein Pilz an der Oberfläche weiterwuchert. Tief aber, und radikal ist immer nur das Gute."*
>
> *Hannah Arendt*

Epilog - Dystopie

Das Gegenteil einer perfekten Welt, der Utopie, ist die Dystopie. Das nationalsozialistische Deutschland war eine Dystopie.
Das Reich des Bösen, das besiegt werden musste. Als im
Kalten Krieg die Grenze zwischen Gut und Böse nicht eindeutig zu erkennen war, schuf Georg Lucas mit seinen Star Wars
Filmen eine Fiktion, in der diese Grenze kristallklar war. Das
böse Imperium mit einem dunklen Darth Vader und die
leuchtenden Jedi-Ritter als Verteidiger des Guten. Diese Trennung zwischen Utopie und Dystopie war ein Garant für den
Erfolg des Films. Die Menschen sehnten sich nach einer
schwarz/weißen Welt, in der das Gute (nach einem unterhaltsamen Spannungsbogen) siegte. Jedoch ist die Welt mittlerweile zu komplex, um nur mit zwei Farben auszukommen. Wir
sollten uns die Mühe machen, die Schattierungen zu betrachten. Was für einen langen Schatten ein falscher Zeitgeist werfen kann, haben wir an dem 1. und 2. Weltkrieg gesehen. Seit
1945 und insbesondere nach dem Zerfall der UdSSR hat die
"Pax Americana" den Zeitgeist dominiert. Wirtschaft und
Profit sind die Motoren der modernen Zivilisation. Lobbys
bestimmen die Politik und für Wirtschaftsinteressen werden
Kriege geführt. Dabei geht nicht mehr um territoriale Gewinne, sondern um die Eroberung von Absatzmärkten. Wenn die
Wirtschaft wächst, wächst auch der Wohlstand. Zwar für die
oberen 10.000 mehr, als für den Rest der Welt, aber er wächst.

217

Man hat sich mit dem Zeitgeist "It's the economy, stupid!" gut arrangieren. Aber die Konsumgesellschaft ist gefräßig. Damit die Wirtschaft jedes Jahr wachsen kann, muss jedes Jahr mehr produziert und mehr konsumiert werden. Dafür verbraucht der Zeitgeist mehr Ressourcen und zerstört die Umwelt, die ihm ein Zuhause bietet. Es entsteht eine neue Dystopie, in der es keinen guten Gegenpol mehr geben wird.

In dem Klimaszenario „RCP8.5" kommen Überschwemmungen, Dürren und Flüchtlingsströme auf uns zu. Das wirklich erschreckende ist, dass in den unterschiedlichen Klimaszenarien nur das Ausmaß der Katastrophe variiert. Für eine Vermeidung der Klimakatastrophe ist es bereits zu spät, da zu viele "Kipppunkte" (points of no return) überschritten sind. Gegen die Klimakatastrophe, auf welche die Welt im worst case zusteuert, verblassen die beiden Weltkriege. Laut einer Prognose vom United Nations Institut DESA werden 2060 ca. 10 Milliarden Menschen auf diesem Planeten leben. Viele Regionen der Welt werden dann kaum noch bewohnbar sein. Werden die Länder, die weniger von der Klima-Katastrophe betroffen sind, Flüchtlinge aufnehmen? Wenn ja, wie viele? Oder werden sie sich abschotten? Das Buch „Klimakriege" von Harald Welzer skizziert die hierbei entstehende Dynamik. Wir brauchen einen neuen Zeitgeist, der zum Glück bereits in der jungen Generation und der "Fridays for Future" Bewegung verankert ist. Eine Generation, die sich nicht in das System pressen läßt, das diese Misere verursacht hat. Aber auch darüber hinaus kann jeder einzelne von uns umdenken: Weniger Fleisch essen, nachhaltiger konsumieren und seinen ökologischen Fussabdruck reduzieren. Wie wir gesehen haben, beruhen die politischen Katastrophen der Vergangenheit auf den falschen Entscheidungen weniger. Die Entscheidung für einen umweltbewussten Zeitgeist trifft jedoch jeder Einzelne von uns und kann somit seinen Beitrag leisten.

Literaturverzeichnis

Afflerbach, H. (2018). *Auf Messers Schneide* (1. Edition). C.H.Beck.

Axel Springer SE (Hrsg.). (2014). *Erster Weltkrieg - Als Europa Selbstmord beging* [E-Book].

Barbusse, H. (2016). *Feuer* (1. Edition). Omnium.

Benioff, D. (2010). *Stadt der Diebe*. Heyne Verlag.

Clark, C. (2012). *Die Schlafwandler* (20. Edition). Deutsche Verlags-Anstalt.

Conze, E. (2018). *Die große Illusion* (2. Edition). Siedler Verlag.

v. Dohnanyi, K. (2022). *Nationale Interessen: Orientierung für deutsche und europäische Politik in Zeiten globaler Umbrüche*. Siedler Verlag.

Echenoz, J. (2014). *14* (4. Edition). btb Verlag.

Ferguson, N. (2013). *Der falsche Krieg* (3. Edition). Pantheon Verlag.

Friedrich, J. (2014). *14/18* (3. Edition). Propyläen Verlag.

Fromm, E. (1977). *Die Anatomie der menschlichen Destruktivität* (28. Edition). Rowohlt Taschenbuch.

Gerlach, H. (2017). *Durchbruch bei Stalingrad*. dtv Verlagsgesellschaft

Haffner, S. (1981). *Anmerkungen zu Hitler* (1. Edition). FISCHER Taschenbuch.

Haffner, S. (2002). *Winston Churchill: Mit Selbstzeugnissen und Bilddokumenten* (13. Edition). Rowohlt Taschenbuch.

Haffner, S. (2008). *Die deutsche Revolution 1918/19*. Anaconda Verlag.

Haffner, S. (2014). *Die sieben Todsünden des Deutschen Reiches im Ersten Weltkrieg*. Anaconda Verlag.

Haffner, S. (2015). *Von Bismarck zu Hitler* (6. Auflage). Droemer TB.

Hartinger, A. (2019). *Bis das Auge bricht*. Independently published.

Hein, J. (2018). *Die Orient-Mission des Leutnant Stern* (3. Edition). Galiani-Berlin.

Jünger, E. (2015). *In Stahlgewittern* (8. Auflage). Klett-Cotta.

Käppner, J. (2016). *1941: Der Angriff auf die ganze Welt* (1. Edition). Rowohlt Berlin.

Kershaw, I. (2010). *Wendepunkte* (5. Edition). Pantheon Verlag.

Kershaw, I. (2017). *Höllensturz* (4. Edition). Pantheon Verlag.

Kold, J. B. (2015). *Winter Männer* (1. Edition). Tinte & Feder.

Kopetzky, S. (2016). *Risiko*. Heyne Verlag.

Lemaitre, P. (2014). *Wir sehen uns dort oben* (1. Edition). Klett-Cotta.

Montefiore, S. S. (2006). *Am Hof des roten Zaren* (5. Edition). FISCHER Taschenbuch.

Müller, R.-D. (2011). *Der Feind steht im Osten* (1. Edition). Ch. Links Verlag.

Münkler, H. (2015). *Der Große Krieg: Die Welt 1914 bis 1918* (1.Edition Aufl.). Rowohlt Berlin.

Neitzel, S. (2020). *Deutsche Krieger* (5. Edition). Propyläen Verlag.

Osburg, W.-R. (2014). *Hineingeworfen* (2. Edition). Aufbau Taschenbuch.

Overy, R. (2011). *Russlands Krieg: 1941 - 1945* (2. Edition). Rowohlt Taschenbuch.

Phoenix. (2015, 31. Juli). *Der Untergang der Lusitania* [Video]. YouTube. https://www.youtube.com/ watch?v=euciYdh3zbM

Pietrow-Ennker, B. (Hrsg.). (2000). *Präventivkrieg?: Der deutsche Angriff auf die Sowjetunion*. FISCHER Taschenbuch.

Plievier, T. (2018). *Des Kaisers Kulis*. Kiwi Bibliothek

Remarque, E. M. (2013). *Im Westen nichts Neues* (6. Edition). Kiepenheuer & Witsch.

Sajer, G. (2016). *Soldat* (1. Edition). Helios Verlag.

Simonnot, P. (2014). *Non, L'Allemange n'était pas coupable*. Edition Europolis.

Tuchman, B. (2013). *August 1914* (2. Auflage). FISCHER Taschenbuch.

Ulrich, V. (2013). *Die Nervöse Grossmacht 1871 - 1918* (2. Auflage). FISCHER Taschenbuch.

Welzer, H. & Neizel, S. (2012). *Soldaten. Protokolle vom Kämpfen, Töten und Sterben.* (6. Edition). FISCHER Taschenbuch.

Welzer, H. (2008). *Klimakriege. Wofür im 21. Jahrhundert getötet wird.* (6. Edition). FISCHER Taschenbuch.

Abbildungen

1. Karte von Europa 1789 und 1914. Furfur Blank map of Europe 1914.svg & Europa 1789.svg: Alphathon (https://commons.wikimedia.org/wiki/ File:Europa_1914.svg & Europa 1789.svg), „Europa 1914" & „Europa 1789", https://creativecommons.org/ licenses/by-sa/3.0/legalcode
2. Entlassung Bismarcks "Der Lotse geht von Bord" Karikatur von John Tenniel, die am 23. März 1890 in der auf den 29. März datierten Ausgabe der britischen Satirezeitschrift Punch erschien.
3. Eine Karikatur vom 10. Mai 1890 aus der britischen Zeitschrift The Punch von John Tenniel. Sie zeigt den deutschen Kaiser Wilhelm II., den spanischen König Alfons XIII., die französische Symbolfigur Marianne, den österreichischen Kaiser Franz Joseph I. und den italienischen König Umberto I. Übersetzung der Bildunterschrift: "Mach nicht so weiter — oder du wirst uns alle zum Kentern bringen!!"
4. Der vermeintlich geniale Schlieffen-Plan. Schlieffen_ Plan_fr_1905.svg: Lvcvlvs derivative work: Furfur (https://commons.wikimedia.org/wiki/File:Schlieffen_ Plan_de_1905.svg), „Schlieffen Plan de 1905", https:// creativecommons.org/licenses/by-sa/3.0/legalcode
5. Schlacht an der Marne. Bildlizenz U.S. Westpoint.

6. Frontverlauf Mitte Oktober 1915 © cyowari

7. Französische Kriegsziele 1915. Exec (https://commons.wikimedia.org/wiki/File:FR-WW1-1915-French-plans.png), „FR-WW1-1915-French-plans", https://creativecommons.org/licenses/by-sa/3.0/legalcode

8. Europa im April 1918. © cyowari

9. Zeitungsausschnitt New York Times von 8. Mai 1915. Versenkung der Lusitania

10. Weimarer Republik nach dem Versailler Vertrag. Kgberger (https://commons.wikimedia.org/wiki/File:Karte_des_Deutschen_Reiches,_Weimarer_Republik-Drittes_Reich_1919–1937.svg), „Karte des Deutschen Reiches, Weimarer Republik-Drittes Reich 1919–1937", https://creativecommons.org/licenses/by-sa/3.0/legalcode

11. Foto: Trauerfeier zu Ehren von Józef Piłsudski, der am 12. Mai 1935 verstarb.

12. Foto: Zurückgelassene und zerstörte Fahrzeuge der 9. Armee in Weißrussland. Aufgenommen zwischen dem 28. und 30. Juni 1944

13. Operation Bagration © ZMSBw 04489-24

14. Arbeitslosenquote USA 1919 bis 1945. ILO (bis 1945)

15. Foto: D-Day Juni 1944

Danke

An meine Frau Caro für ihre Geduld und für A&A.

An Mathis Stöckmann für das gründliche Lektorat.